ナショナリズム

姜尚中

講談社学術文庫

学術文庫版序文

一五年以上も前に出版された本書を、いま改めて文庫として読者に届ける意味はどこにあるのだろうか。本書の内容の中には旧聞に属する事柄がみられる以上、自ずからそのような問いの試練を受けざるをえない。

それにもかかわらず、あえていま、多くの読者に本書を供したいと思うのは、新ミレニアムの始まりの頃に出版された本書のテーマとその意味が、擦り切れた過去の記録としてではなく、逆にますます生々しいアクチュアリティを伴って浮上しつつあると思うからである。

ひとつのテキストが辿る軌跡は、それが生み出される歴史的な脈絡《コンテキスト》によって違ってこざるをえない。それは、あらゆるテキストに課せられた宿命のようなものである。本書もその宿命を免れないのか、本書の中心的なテーマとなっている「「国体」ナショナリズム」が、平成天皇の「生前退位」という思ってもみない「事件」を通じて、改めて日本の国、そして国民の重大な関心事として浮かび上がろうとしているのである。一五年前にはまったく予想すらできなかったことである。

この「「国体」の近代」が確立して以来の、「生前退位」という皇位継承をめぐる新たな事態が、「国体」という今ではほぼ死語に近いカテゴリーに新たな生命を吹き込む可能性があることは十分に考えられる。

旧皇室典範も、また戦後の平和憲法とセットになっていたはずの新しい皇室典範も、排除するか、想定しないようにしてきた「生前退位」という事態によって、逆説的にも、その歴史を終えたと思われていた「国体」という観念がにわかに蘇る可能性があるのだ。

確かに「生前退位」と「世替わり」、そして新たな天皇の即位という一連のセレモニーは、日本国内に固有の極めてドメスティックな出来事である。しかし、本書で既に指摘していたように、近代国家の形成過程で形作られた「国体」は、次々と日本という国家に襲いかかる危機に対応すべく練り上げられた高度に政治的かつ戦略的な言説の体系だった。この意味で、「国体」は、ドメスティックな空間だけでなく、対外的な危機の意識と函数関係をなしているのである。

明治維新から一五〇年、「国体」の連綿性を担保するはずの皇統の継承に「生前退位」という新たな事態が加わり、国民統合の象徴としての天皇の位置と役割に改めて関心が向けられるようになった。「天皇の「退位」否認規定」(「天皇が崩じたときは、皇嗣が、直ちに即位する」(皇室典範第四条)) を否認する今上天皇の「生前退位」という「「国体」の近代」で初めての出来事は、確かに純粋に今上天皇の個人的な意思の表明だと思える。しかし、それは、奇しくも象徴的機能を果たす国家機関である天皇が「退位」の自由を制約された「不自由」を強いられていることをはしなくも浮き彫りにすることになった。

翻ってみれば、戦前のアンシャンレジームとの断絶を伴うポツダム宣言の受諾に際して「国体」という明確な言葉は使われていない。しかし、「右宣言ハ天皇ノ国家統治ノ大権ヲ変更スルノ要求ヲ包含シ居ラサルコトノ了解ノ下ニ受諾ス」という前提のもと、事実上「国体」を意味する「天皇ノ国家統治ノ大権」を明示することで「国体」は護持された、というのが戦後の日本の始まりだった。

とはいえ、ポツダム宣言の受諾後、新憲法制定を通じて国民主権が戦後日本の基本的な統治原理になった以上、戦前の「国体」との断絶は明らかだった。国家の主権の所在がその基本的な統治形態を決定する以上、「我帝国ハ万世一系ノ天皇君臨シ統治権ヲ総攬シ給フ」とされていた「国体」は明らかに敗戦を通じて途絶したとみなされるべきである。

しかし、断絶は同時に連続を内包する、あるいは連続の中に断絶が包含される。そのような両義的な二重性を通じて、戦後、国民主権主義と天皇制の調和が図られた。それは、「天皇は、日本国の象徴であり日本国民統合の象徴」であり、「この地位は、主権の存する日本国民の総意に基く」とする憲法第一条の規定となって結実した。

しかも、皇位の継承を定めた憲法第二条で「国会の議決した皇室典範の定めるところにより」と定められているように、新憲法と接合されるべき新しい皇室典範のもとでも「万世一系」的なるものが保持されている。それは、「日本国の象徴」という「憧れ・敬慕などの精神的・情緒的な観念構成体」に何らかの根拠を与えるために呼び出された「戦前的なるもの」と言えなくはない。

この点を憲法学者の奥平康弘（一九二九―二〇一五年）は次のように指摘している。

「憧れの中心」が結局は単に観念構成体でしかないとしても、この観念が国民のあいだに浸透し支配しているのには、なにかそうあらしめる根拠、あるいは実体的なバックアップがないわけにはゆかない。それは、神話的な要素をたっぷりと含み、長い歴史のなかで彫琢されてきた「萬世一系の天皇」という文言で言い伝えられてきた、よりひとつの大きいというか、より一層抽象的なというか、観念構成体にほかなるまい。「憧れの中心」論は、この伝統、この観念構成体から離れては成立し得ないのである。そして、「萬世一系の天皇」という構成の中核をなす皇統主義は――善かれ悪しかれ伝統的には――男統主義であり男系主義であった〔…〕（奥平 二〇一七、(上)二二八頁）

戦後も、国会の決議した皇室典範のもと、戦前の「庶系主義」の切り棄てによって伝統の一部に修正が加えられ、逆にそれによって女帝を否定する男統主義・男系主義が存続するとともに、先に触れたように「天皇の「退位」否認」が規定されることになった。

先の今上天皇の「生前退位」のメッセージは、まさしくこうした戦後の「皇室典範的なるもの」、さらに「象徴天皇」の「象徴」の意味を根源的に問い直す重大な宣言だった。なぜなら、そこには戦後の憲法と「皇室典範的なるもの」が事実上封印してきた天皇の「国家機関としての地位」と「象徴としての地位」の矛盾が露呈しているからである。

周知の通り、国家の基本的な統治権の所在が国民に存することを謳った戦後の新しい憲法体制のもと、天皇は国民の総意に基づく象徴とみなされ、その役割は憲法第七条に定める一

○の国事行為に制約されるようになった。国家機関としての天皇の意思行為を国事行為に限定する限り、天皇はザッハリッヒに言えば、「祈り」、そして「判を押す」「ロボット」(宮沢俊義)に近い存在にすぎない。

このような権力の実体性を剝奪され、限りなく形式的かつ儀礼的な国家機関に縮減された天皇像は、すでに福澤諭吉の「帝室論」(『時事新報』明治一五年)や「尊王論」にみられる通りである。福澤が「帝室」を「鳶《とび》ノ者」の「親分」に喩えていることからもわかるように、そのほとんど「冒瀆的な天皇利用論」(安丸良夫)は、戦後も、左右のイデオロギーを問わず、脈々と受け継がれている。

確かに、戦前のように全体を全体として体現する天皇の名のもとで、国家が「臣民」としての国民の生命や財産を蕩尽することができた無限包摂のシステムは、無責任体制の全体主義を実現ならしめたと言える。そうしたシステムの廃墟の上に打ち立てられた戦後憲法＝体制が「アメリカ印」の新たな「国体」として蘇ったことはすでに本書で述べた通りである。それは、もはや「国体」として意識されることもない「国体」となって稀釈され、この意味で戦後日本のナショナリズムは、国際秩序のより上位の権力(アメリカ)に従属するナショナリズムの形態をとって表出されてきたと言える。

穿って言えば、この「従属性」と一対をなしていたのが、「象徴天皇」即「祈り」「判を押す」国家機関としての天皇にほかならなかった。ちなみに、「正統と異端」研究会を立ち上げながらも、他方で何が正統であるのか判然とせず、従って異端も曖昧になってしまった、いわば「ぐちゃぐちゃ」感に当惑せざるをえなかった晩年の丸山眞男の思いにもまた、「「国体」なき「国体」」とも言える戦後日本の、宙吊りにされたようなナショナリズムの「畸形性」が反映していたと言える。

しかし、今上天皇の「お言葉」を通じて、「祈り」「判を押す」代替可能な天皇の地位と役割に大きな一石が投じられた。それは、「象徴的行為」の意味を限りなく稀釈し、「国事行為」に縮減するそれまでの「象徴天皇」の了解に対する事実上の異議申し立てだった。それは、象徴の意味を、国事行為を行う「公務員」の地位と役割とは違う、絶えざる国民統合の遂行的なシンボルとして押し出すことを意味していた。

戦後憲法解釈のオーソドクシーとも言える宮沢俊義の象徴天皇論に対して、「意味的全体性」の体現者として象徴天皇の地位と役割を措定しようとした憲法学者の清宮四郎（一八九八―一九八九年）と法哲学者の尾高朝雄《ともお》（一八九九―一九五六年）の学説をトレースしつつ、憲法学者の石川健治は次のように指摘している。「両者（宮沢と尾高）を比較してみると、宮沢説は、全体として、昭和天皇という旧現人神の保持している象徴作用が暴走しないよう、それを封じ込めようとするものであるのに対して、尾高説は、戦前戦後を一貫して、象徴にふさわしい場所を天皇に与えるという議論であった」と。

国家が国家として存続するには、あらかじめそれに意味を与える「意味的全体性」がなければならず、それを尾高の考えに即して「ノモス」（法の理念）と想定するなら、象徴としての天皇は、そうした「意味的全体性」としての「ノモス」の体現者として、単なる「国事行為」を行う国家機関としての地位と役割にはとどまりえないことは明らかである。そのような尾高の考えの根底には、民主主義も含めてあらゆる政治制度は何らかの「政治神学」に立脚している、という透徹した洞察があった。

尾高は言う、「民主主義の盲目的な讃美者があって、国民の意志は、国民の意志そのものとしてすでに絶対に正しいと考えるならば、かれは、民主主義の名の下に実は一種の神権政治に帰依しているのであるといわなければならない。国民の名において議会の多数党が横暴を行ったり、議会の多数を占めた矯激な政治勢力が突如として民主政治を独裁政治に切り替えたりするのは、この民主主義的な神権思想が悪用された場合なのである」（尾高 二〇一四、九四頁）と。

尾高が問題にしたのは、国民主権を掲げる民主主義のもとで、現実の政治意志の構成を法の理念に合致させるために、現実を超越する法の理念を「国家機構の中に何らかの形で「象徴」させる」（同書、九五頁）ことだった。

もし石川が指摘しているように、先の今上天皇のビデオメッセージの「お言葉」が、清宮や尾高の著書のボキャブラリーを反映しているとするなら、そのメッセージは、国民主権の民主主義における現実の政治意志の構成と「意味的全体性」としての「ノモス」との距離、その乖離に対する間接的な異議申し立てだと解釈できないわけではない。

もちろん、それは象徴作用の政治的なインプリケーションとして、憲法学的には「不純な」働きとして批判されかねない。しかし他方で、象徴が体現する「意味的全体性」が、戦後の憲法が実現しようとする価値、国民が目指すべき価値としての「ノモス」だとするなら、象徴としての天皇は、それを国民統合の理念として象徴していると解釈することも可能である。

具体的には「平和国家」の象徴としての天皇がそれである。この限りで天皇の地位と役割は、国家機関の意思行為に限定されず、国民が実現すべき憲法的価値に向けた統合作用の象徴として位置付けられることになる。

確かに、こうした「意味的全体性」を体現する象徴としての天皇という考えには、戦前と同じような無限包摂の危険性が付きまとっている。しかし、他方で、グローバル化の拡大・深化とともに国家統治の民主的な規範が形骸化し、尾高が恐れたような国民主権の民主主義がポピュリズムの形態をとって「暴走」しかねない危機的な状況のもと、「ノモス」的主権の生ける象徴が、立憲的民主政治の最後のバラストになりうる可能性も秘めている。

こうした天皇の「生前退位」を通じて浮き彫りになる戦後「国体」の矛盾は、「世替わり」を通じてどこに収斂していくことになるだろうか。

その帰趨は定かではない。ただ、はっきりとしているのは、「国体」という表象作用の曖昧さゆえに、それは戦後憲法の法の理念（ノモス）を実現する方向にも、逆にそれを裏切る方向にも向かいうるということである。その分岐点を知る上で、本書の思想史的な「「国体」ナショナリズム」が少しでも裨益《ひえき》できるなら望外の喜びである。

目次

ナショナリズム

はじめに

ナショナリズム、この奇怪な現象ほど両義性にみちたものはない。それは、憧憬と鼓舞の感情を呼び起こすかと思えば、嫌悪と痛罵の感情ともつながっているからである。しかも厄介なのは、その電流を受けると、エモーショナルな感性や記憶の装置がいつまでも帯電したまま、身体の奥深くにエネルギーを蓄積することになることだ。そして何かの拍子に帯電したナショナリズムのエネルギーは突然放出されることがある。

その具体的なシーンを今も忘れることができない。「左翼」を自称し、マルクス主義の思想や文学に造詣の深いある学者が、酒宴もたけなわのとき同世代の同僚たちとスクラムを組み、突然軍歌を高唱する場面に出くわすことになったのである。宴の後、わたしは件の彼にさりげなく軍歌を高唱したいと思った気持ちについて問い質した。「姜さん、われわれの世代が一緒に歌える唄は、これしかないんだよ」。わたしの問いかけが型どおりの野暮な質問だと邪推したのか、まるで「文句があるのか」といった開き直りの趣があった。

戦中世代が軍歌を高唱することを四角四面に詰問しようと思ったわけではない。わたしの脳裏にあったのは、その軍歌を歌えない旧日本帝国軍人だった植民地出身者たちの戦後をどう思っているのか、その胸の内を知ることだった。もっと問い質したかったのは、ナショナリズムの身体化された記憶と、マルクスやルカーチ、ブロッホやルクセンブルクに関する思想的な蘊蓄とはどんな回路で繋がっているのか、もしナショナリズムの記憶が「想い出」のように間欠泉となって湧出してくるとすれば、その正体は何なのか、それを突き詰めるためにマルクス主義や左翼の思想はどこまで有効だったのか――そんなことをわたしは聞き出したかったのである。

こんな一九七〇年代終わりのささやかな光景を思い出すのは、ほかでもない、今やナショナリズムの身体化された記憶は、これまでの鬱積した怨念を晴らすかのように集合的な「想い出」として表舞台に躍り出ようとしているからである。そこには隠花植物のように日陰の身を強いられた無念さと、光の部分を占めてきた戦後民主主義やその思想に対するエモーショナルな反感が横溢している。

ただし、そのようなナショナリスティックな情念の氾濫を単なるノスタルジーと見誤ってはならない。なぜなら、曲がりなりにもそれを抑制する対抗力として働いてきた戦後民主主義はすでに「残骸」の憂き目に遭い、むしろ戦後民主主義に価値を見いだす方がノスタルジックな時代錯誤として嘲笑の的になっているからだ。ナショナリズムについて語る方が「新しい」モードとなっているのである。

このような新装のモードは、例えば発刊以来「国際情報誌」と銘打って一貫してナショナリズムの高揚を挑発し続けてきた雑誌『ＳＡＰＩＯ』（小学館）の新世紀特大号「ニッポン・ネオ・ナショナリズム宣言」（二〇〇一年一月）などに表れている。

この特大号は、新たな国家目標の設定による「日本再生」に向けて「日本人としての誇りや気概、そして価値観」――「新しいナショナリズム」の再構築を唱えているが、その巻頭で評論家の松本健一は、二〇世紀の終わりを次のような時代として診断している。

ウェルネス（富）ゲームが生みだしたグローバリズムは、ナショナル・アイデンティティの再構築という時代的要請を導き出したのである。自国の優位性・独自性を競うナショナリズム競争は、かつては軍事力、そして戦後は経済力を主導として行われていたが、ここにきて「我が国とは何か、我が民族とは何者なのか」を各国が問い直し、生き抜く時代になったのだ。

松本の時代診断によれば、経済や情報、ヒトのグローバル化は、文化や人種、言語や宗教などの境界を突き破って世界をより均質化していくのではなく、逆にナショナル・アイデンティティのゲームに拍車をかけることになったわけである。したがってグローバル化は、同時に「ナショナリズムのグローバル化」でもあるのだ。

このような診断のもとで用意されている松本の処方箋は、歴史の「(再)流用(re)appropriate)」という手法である。つまり、新たな世紀を生き抜くために、「日本人」がなすべきことは、「まず歴史を改めて確認し直し、我々の民族の文化独自性は何で、世界の中でどんな有効性・普遍性を持ちうるのかを問い直」さなければならない、というのである。

松本に続いて「国家再建」を謳う中西輝政も、グローバル化が国家や民族を再浮上させ、「正当なナショナリズム」の喚起を促している、と説く。中西に言わせると、戦後民主主義の歴史とは、戦前の「八紘一宇」の裏返しとして「空虚な」平和主義の理念に陶酔していた「異形のナショナリズム」の半世紀だったことになる。その「戦後の呪縛」を断ち切り「こころ」を主題とした国家目標のリセットが今こそ必要である。これが中西の国家再建のシナリオである。

松本や中西たちの新たな「ナショナリズムのすすめ」に共通しているのは、弱肉強食的なパワーゲームにうち勝つためには国家の再強化が不可欠であり、その核心にはナショナル・アイデンティティとそれを支える歴史的な自覚がなければならない、という強い確信である。そこには期せずして国家に収斂するナショナリズムが、内面の「こころ」の世界と密接にリンクし、さらにそれがナショナル・ヒストリーによって支えられるという構図が浮き彫りにされている。

ここで思い出されるのは、丸山眞男が「超国家主義論理の巧妙な表現」と呼んだ「縦軸（時間性）の延長即ち円（空間性）の拡大」（丸山 一九九五c、三六頁）という「国体」論のレトリックである。このレトリックを敷衍して松本や中西の「ナショナリズムのすすめ」に当てはめて言えば、日本国家の地政学的なパワーの拡大は、「独自な」ナショナル・アイデンティティと、それを縦軸として貫くナショナル・ヒストリーの自覚によって支えられることになる。その意味で松本たちのナショナリズムのレトリックに新味があるわけではない。

いや、それだけではない。松本たちの新しいナショナリズムのかけ声にもかかわらず、そこには依然として戦前のナショナリズムのアポリア（難問）がつきまとっている。それは、家族愛や友愛、郷土愛といった第一次的な集団へのゲマインシャフト的な心情を超越したところにしか「国家という共同体」の水準は成り立ちえないということである。身近な親しい関係や集団への帰属意識の連続的な延長線上に国家が成り立ちえない以上、そこには何らかの決断主義的な「飛躍」が要請されざるをえない。その「飛躍」は何によって可能なのか、松本も中西も明確に答えてはいない。「日本人としてのアイデンティティ」といい、「こころ」といい、それらが捉えどころのない茫漠としたカテゴリーであることに変わりはないはずである。

にもかかわらず、松本たちの「ナショナリズムのすすめ」のコンテクストは、丸山の時代と様相を一変していることは否定しがたい。世紀転換期の日本列島は、国民主義(Nationalismus; Principle of nationality)――国民的統一と国家的独立――に対する桎梏《しっこく》としてナショナリズムを内側から蝕んでいると考えられてきた「本能的な郷土愛」（丸山 一九九六e、二二八頁）などは欠片もないほどにずたずたに引き裂かれ、地域の光景は郷土愛が成り立つ基盤そのものを欠くほどに荒廃しているからである。もはやかつての総力戦をも内側からサボタージュするほど強固な岩盤のなかに根を下ろしていた郷土愛としてのパトリオティズムなど、想像されたフィクションとしてしか存続しえなくなっているのだ。その上、戦後の成長主義を支えてきた擬制的なイエ社会としての企業も、すでに共属感の拠り所ではなくなっている。

しかも、かつて吉本隆明が、支配者の思想と支配様式のなかに逆立ちした鏡をもってしか表象（再現）されえないとした「大衆ナショナリズムの原像」（吉本 一九六四）すらも、ナショナルな領域性の溶解とともに、もはや明確な像を結びえなくなっている。

こうしてみるとき、松本や中西たちが、丸山や吉本たちとは違った歴史的なコンテクストのなかでナショナリズムを立ち上げようとしていることは明らかである。その違いは、「ニッポン・ネオ・ナショナリズム」というカタカナ語によって表示されている。それは、「日本」をグローバル化された世界の中に一旦は相対化しながら、そのように相対化された「ジャパン」としての「日本」をもう一度「ニッポン」へと再領域化し「ジャパン・アズ・オンリー・ワン」に変身させることを意味している。この限りですでに松本や中西たちは、「国際化」され、内と外とが相互に浸透していくグローバル化された「ニッポン」のナショナリズムを目指そうとしているのである。つまり、松本や中西たちのネオ・ナショナリズムは、素朴なパトリオティズム（郷土愛）を超えたところにパワー・ポリティックス的な「国家理性《レーソン・デタ》」による「ジャパン・アズ・オンリー・ワン」を標榜しようとしているのである。

これに対してネオ・ナショナリズムのもうひとつの代表的な極となる小林よしのりの『戦争論』（一九九八年）は、「祖父たちの物語」の心情化されたパトリオティズムによって国家の歴史を聖域化しようとしている。

小林が、戦場に散った特攻隊の若者たちは「国家システムのため」ではなく、「生まれ育った郷土の山や河」、「家族や村の人々というイメージ」の「郷土《クニ》のために」（小林よしのり一九九八、二八七頁）生命を賭けたと強弁するとき、そこにはそうした「祖父たちの物語」を差し出してくれた国家との自然的な一体感が流露している。この意味で『戦争論』の国家は、松本や中西のように「作為」的な決断を通じて運営される国家ではなく、心情的なパトリオティズムの同心円上に浮上してくる帰一すべき至高の共同体を指している。しかし「自分のために」を超えたところに「公＝国家」が現れる」（同書、三五二頁）という小林の牽強付会な主張は、心情的なパトリオティズムとの断絶によってはじめて国家の政治的統合の原理が立ち現れてくるという〈作為〉の論理に目を背けていると言わなければならない。

ナショナリズムを論じようとする本書の冒頭で、新ミレニアムの日本に跋扈する松本や中西、小林たちのネオ・ナショナリズムについて言及したのは、これらふたつの「上」と「下」からのナショナリズムの言説が、その「軽さ」にもかかわらず、一世紀半以上におよぶ日本のナショナリズムの「機軸」である「国体」（「国体」ナショナリズム）の両義性を無意識のうちに代表していると思うからである。政治的実体性を賦与された伝統の作為的な創出によって生命を吹き込まれる「国体」という観念と、自然的・心情的な共同体の伝統としての「国体」というイメージがそれである。

「ナショナリズムのグローバル化」のなかで隆起しつつある新世紀日本のネオ・ナショナリ

ズムは、二〇世紀前半に荒れ狂った超国家主義とは異なったコンテクストにありながら、「国体」という旧くて新しいパンドラの箱を開けようとしている。森喜朗首相の「神の国」発言や「象徴天皇制」をめぐる活発な議論、さらに『国民の歴史』や『国民の道徳』などの「歴史修正主義」的なナショナリズムの称揚などは、そうした「国体」ナショナリズムのコロラリーとみなされるべきである。その意味で、すでに四〇年以上前に今日あるのを予想したような橋川文三の次のような指摘は予言的な意味をもっている。

日本のここ百五十年ほどの歴史において「国体」とよばれる用語ほど、奇妙に数奇な役割を担ったものはないと思われる。それは、その通用の初期においてはうろんな新奇の造語のように見られ（幕末）、のちいつのまにか暗黙のうちに自明な了解事項として定着したばかりか、恐ろしいまでの正統性と規範性とを発揮して一国の人心を拘束したかと思うと（明治―昭和）、反転して再び曖昧きわまる翳のようなものに化し（戦後）、しかもなおその不気味な実在感だけはどこかにただよっているという印象である。（橋川一九八五c、一三五頁）

本書は、世紀転換期の日本にただよう「国体」ナショナリズムの「不気味な実在感」を、グローバル化の地政学的な変容を念頭におきながら思想史的に明らかにしようとするささやかな試みである。本書が思想史的な方法をとったのは、「思想の歴史が、政治や経済の歴史」とは異なって「構想力」(鹿野 一九九九、七頁)を取り扱うことができるからである。その場合、ナショナリズムを「消費」する主体よりは、それを「産出」する主体に焦点を当てざるをえなかった。確かに、今では古典となった感のある『想像の共同体』でベネディクト・アンダーソンが指摘しているように、出版資本主義とメディアが想像の文化的な共同体としてのナショナリズムにとって決定的な意味をもっているとすれば、さまざまなメディアによって増幅されるナショナリズムの言説の「消費」は、きわめて重要である。にもかかわらず、本書がナショナリズムの言説の「産出」に、しかも思想史的に接近しようとしたのは、たとえどんなにファナティックで退嬰的なナショナリズムの思想であっても、そこにはロゴス的なものとパトス的なものが溶解した実践的な喚起力が見いだされると思うからである。

あらかじめ本書の構成について触れておくと、第Ⅰ部「ナショナリズムの近代」では、ナショナリズムをどう捉えたらいいのか、その捉え方に関して最近の代表的な見方を紹介している。第Ⅱ部「「国体」ナショナリズムの思想とその変容」では、日本のナショナリズムの中心的な観念を「国体」ナショナリズムとみなし、その思想史的な系譜と観念を現在のアクチュアルなテーマとかかわらせて論じている。

第I部　ナショナリズムの近代

1　ナショナリズム、近代の「病い」か「救済」か

旧ソビエト連邦の事実上の解体の後に発表された『ナショナリズムの歴史と現在』（原題『一七八〇年以後のネイションとナショナリズム、そのプログラム、神話、現実』）（一九九〇年）のなかで歴史家のE・J・E・ホブズボームは、国民国家の衰退とともにナショナリズムも衰退していく日がくると予見しうるとして、次のように述べている。

結局のところ、歴史家が少なくともネイションとナショナリズムの研究と分析においていくらか前進を見せ始めているというまさにその事実が、よくあることだが、当の現象が頂点を越えたということを示唆しているのである。ヘーゲルは、叡智を運ぶミネルヴァのフクロウは夕暮れに飛び立つ、と言った。今やネイションとナショナリズムの周りをミネルヴァのフクロウが旋回しつつあるが、これは願ってもない前触れである。
（ホブズボーム 二〇〇一、二四七頁）

ホブズボームの楽観的な予測は、この間の三〇年弱を経て、果たして幸運な結末を迎えたと言えるだろうか。ナショナリズムの周りを旋回していたミネルヴァの梟は、もうすでに飛び立ってしまったと断言できるだろうか。

同じくホブズボームの『20世紀の歴史――極端な時代』（一九九四年）の表現をかりれば、「危機の二十数年」（ホブズボーム　一九九六）のただ中にある現在、ナショナリズムはその混迷をもっとも象徴する現象であることに変わりはないはずである。もっともナショナリズムが未来のプロジェクトになりうるかどうかは、当のナショナリストとして括られる人物ですらも自信がもてなくなっている。このことは、今や日本でネオ・ナショナリズム的な歴史修正主義の「標本」になった感のある『国民の歴史』の締めくくりが、「人は自由に耐えられるか」と問いつつ、「われわれは深く底抜けに「退屈」している」（西尾　一九九九、七六三頁）と自らのニヒリズムを告白して終わっていることによくあらわれている。その自信のなさと未来の不透明さへの不安感、これこそが、ナショナリズムの発条であり、ネイションへの同一化の動力である。その反動的な渦巻きは、もちろん決して孤立した現象ではない。むしろ国民の広大な裾野に広がりつつあると言った方がいいかもしれない。その理由は、「失業、不確実な老後、都市生活の危険性」といった安心や安全に対する脅威が、日常生活の深い部分で不気味に遍在化し、「民族的共同体」としてのネイションだけが避難すべき「安全な港」（バウマン　二〇〇一、二二〇―二二一頁）のように思えるからだ。「想像された共同体」としてのネイションへの同一化は、ある意味でグローバル化の加速度的な「液状化」に対する神経症的な反応と言えないことはない。

しかも、ナショナリズムの未来が閉ざされていることは、すでに「市場原理主義」への舵取りが示しているように、「国家と民族の蜜月は終わりをつげ」、「安定と安全の提供という任務を、国家がふたたびになう見込みはな」くなっている。「国家にあたえられた政治的自由は、超地域性、高速移動、逃避・回避能力という強力兵器で武装したグローバル・パワー」(同書、二三九頁) によって浸食されようとしているからである。それは、ネグリとハートの刺激的な言葉を使えば、「近代からポスト近代」、「帝国主義の時代から〈帝国〉の時代への移行」の混乱を意味している。国民国家と帝国主義が、その内部と外部の弁証法によって領域的支配にもとづいていたとすれば、グローバル・ガバナンスとしての〈帝国(Empire)〉は、もはや領域的支配を必要とせず、むしろ内部も外部もない、脱中心的な権力のネットワークとしてその支配の力を行使しているのである (Hardt and Negri 2000)。

もちろん、こうした〈帝国〉的主権は、決して抽象的でのっぺらぼうな力のネットワークではない。それは、柔軟なヒエラルヒーの内部で人種、民族、ジェンダー、セクシャリティの様々なアイデンティティの差異を管理しつつ、「差異の政治」を通してその支配力をあまねく浸透させようとしている。その柔軟なヒエラルヒーの頂点に米国のような超大国や、グローバルな金融や貿易を管理するG7のような先進諸国のグループが絶大な影響力を行使していることは言うまでもない。しかしにもかかわらず、ネグリやハートたちが言うように、〈帝国〉的主権は、そうした旧帝国主義の過去をもつ先進諸国の近代的な主権の形態とは異なっている。国際会計や金融機関の自己資産比率から金利政策、環境や人権の基準にいたるまで、いわゆるグローバル・スタンダードをやぶる行為は、たとえ日本のような経済大国であっても即座に報復を受けざるをえないからである。その限りで〈帝国〉の有力なメンバーである日本も、その主権に従わざるをえないのであり、この点で近代的主権の絶対性をかかげるナショナリズムの言説は破綻しているとしか言いようがない。

それにもかかわらず、ネイションの物神崇拝とナショナリズムが跡を絶たないのは、民族的共同体としてのネイションこそが、アイデンティティの確実な拠り所とみなされているからである。あるいは、こう言い換えてもいいかもしれない。共同体が崩壊したとき、アイデンティティが発見され、それがすべてネイションに収斂することになったのである、と。この意味で民族的共同体としてのネイションとはアイデンティティの別名にほかならない。

このようにみると、ネイションとナショナリズムの頭上を旋回しているミネルヴァの梟が完全に飛び立つときはまだ到来していないのである。

それでは、ネイションとナショナリズムとは何なのか。その詮索をはじめた途端に当惑せざるをえないのは、その定義がほとんど無意味なほど茫漠としていることである。「ネイション」や「ナショナリズム」という言葉のインフレーションにもかかわらず、ナショナリズムの概念的な規定や整理の上に「日本のナショナリズム」を扱うまとまったテクストがほとんど見あたらないのも、その曖昧さによるものだ。そのなかで比較的稀なケースである橋川文三の『ナショナリズム――その神話と論理』（一九六八年）も、その冒頭で「ナショナリズムの理念」を「一つの謎」と表現しているほどである。言い換えれば、ナショナリズムという概念は、「けっして単独では機能せず」、「つねに、ある連鎖の一環をなして」おり、さらにその連鎖は市民意識や愛国心《パトリオティズム》、ポピュリズム、民族主義《エスニズム》、自民族中心主義、外国人嫌い、排外主義、帝国主義、感情的愛国主義といった様々な造語によって「絶えず豊饒化されている」（バリバール一九九七、八三頁）のであり、この「絶えざる分岐」（同書、八五頁）こそ、ナショナリズムを捉えがたい「謎」にしているのである。その意味で、ナショナリズムと向き合うには、ホブズボームが指摘しているとおり、「不可知論」（ホブズボーム二〇〇一、一〇頁）的な態度がもっともふさわしいのかもしれない。

とはいえ、何らかの最小限の網をかぶせておかなければ「謎」に迫ることは不可能だろう。その点でもっとも簡略で要点をついているのは、ナショナリズムを、政治的な単位と民族的な単位あるいは文化的な単位が一致しなければならないと主張する政治的原理とみなすアーネスト・ゲルナーの定義だ（ゲルナー二〇〇〇、一頁）。ナショナリズムがなぜ浮上してきたのか、その歴史－構造的な要因を、ゲルナーは農耕社会から産業社会への移行にともなう文化の役割とその位置の変化によって説明しようとしている。ナショナリズムが「ゲマインシャフトの言葉」を話そうとも、それは実際にはゲゼルシャフトに基礎を置いているのであり、その意味でナショナリズムはきわめて新しい現象なのである。少なくともナショナリズムが〈近代〉とかかわる現象であることは、ネイションの「基体」となる「エスニー」を〈近代〉以前に想定するアントニー・D・スミスといえども決して否定してはいないはずである。この限りでナショナリズムは政治的な単位と文化的な単位の一致をネイションの「伝統」とみなす政治的原理だと言える。この意味でネイションが社会的存在であるのは、それが「近代的な」領域国家としての「ネイション－ステイト」と関連するからであり、ネイションとナショナリズムは「ネイション－ステイト」と関連していなければほとんど無意味だと言ってもいいのである（ホブズボーム 二〇〇一、一二頁）。

ナショナリズムが〈近代〉に特有な現象であるとすると、ここにはきわめて悩ましい問いが立ち現れてくる。つまり、〈近代〉が実際には「ナショナリズムの〈近代〉」として現実化したとすれば、ナショナリズムにまつわるあの両義性、つまり「病い」というイメージと、逆に「救い」というイメージの相克は、〈近代〉そのものの抱え込んだ両義性ではないかという問いかけである。

例えば精神医学者で作家のなだいなだは、『民族という名の宗教』のなかで次のように指摘している。

宗教も、ナショナリズムも、社会主義も、人をまとめる原理として見よう。どれもみな未来を約束している。希望を与えてきたのさ。宗教はこの地上を越えたところに理想社会を、ナショナリズムはその中で一人一人が平等な自分たちの国を約束してくれた。そして社会主義は、国境のない世界、差別のない世界を、みな未来に約束してきたんだ。約束は未来にしかできないけどね。しかも、その社会を、自分たちが参加して、力を合わせれば作り上げることができる、という約束だった。宗教のように、夢を死後の世界ほど遠くにもって行かず、かといって、国家主義者のように、目的を独立という、すぐに手のとどくほど近くにはもって行かず、適当にあいまいに遠い、未来の地上に約

束の夢を描いたから、それだけ社会主義に現実味が感じられたのだろう。（なだ 一九九二、一九七頁）

なだの言うとおり、ナショナリズムは、いわば「世俗的な宗教」として人をまとめあげ、そして多くの場合、狂気の淵に追いやることになった。宗教の歴史が、聖なる救済と血塗られた異端排除の交錯する歴史であったように、ナショナリズムの歴史もそうであり、二〇世紀を振り返る限り、その悲惨は、余りにも厖大だったと言える。

社会学者のアンソニー・ギデンズもまた、ネイション（－ステイト）を、神なき世界の、地上の「不死」を約束する世俗的な宗教だと述べているが（ギデンズ 一九九九）、それもなだと同じように〈近代〉の両義性が生み出した「病い」というイメージを語っているのである。さらにこのイメージをよりラディカルに突き出しているのは、エティエンヌ・バリバールである。「ヒットラーの人種主義はナショナリズムの極みである」と断定するバリバールは、ナショナル・アイデンティティが常に「投影のメカニズム」によって駆動されている点を鋭くあぶりだしている。つまり、「真のナショナルズ（自国民）」の人種的・文化的なアイデンティティなど実際には可視的に確かめられない以上、ユダヤ人や「メテク」（フランス在住アラブ系移民の蔑称）、移民、「パキ」（パキスタン人）、原住民、ブラックなど、要するに「偽のナショナルズ」に関する可視的なイメージや錯覚による表象から自分たちのアイデンティティを捏造するほかはない。その強迫症的な「ナショナルズ」の人種的な本質に関する詮索は、究極的にはナチス的な優生学に行き着いてしまう（バリバール一九九七、一〇九頁）とバリバールは指摘している。その意味で「ナショナリズムの〈近代〉」には〈近代〉の破壊的な倒錯が凝集されてあらわれていることになる。ナチスほど人種主義的幻影が濃厚でなかったとはいえ、戦時期の日本の「国体」が、「国体」ならざるものに対する否定的作用の面で剝き出しの暴力的な権力性を発揮したことは、後に述べるとおりである。目に見える「偽のナショナルズ」から強迫症的に「真のナショナルズ」を想像（＝創造）する「投影のメカニズム」は、ナショナリズムに巣くう「社会小児病」的な「病い」の深さをあらわしている。

しかし他方で、ナショナリズムをむしろ「救い」のイメージで理念化したのは、政治思想史家のアイザイア・バーリンである。バーリンは、ナショナリズム論の系譜からすれば「原初主義（primordialism）」の立場（ネイションを血統や出自の共通性などにもとづく自然な社会的実体をもった人間結合の単位とみなす立場）を代表するヘルダーを念頭に置いて、次のように述べている。

ナショナリズムとは、普通ならば寛容で平和的であるかもしれない国民意識が火のように燃え上がる状態のことである。それは通常、傷――何らかの形態の集団的な屈辱――によって惹起されるようである。……フランス人は政治的、文化的、軍事的に西欧世界を支配していた。敗北し屈辱を味わったドイツ人、特に伝統的、宗教的で、経済的には後進的な東プロイセン人は、フリードリッヒ大王が輸入してきたフランス人の上官からいじめられ、詩人シラーの理論でいう曲げられた小枝のようにはね返り、自分たちが劣等だとは認めないという反応を示した。彼らをいじめている人々よりもはるかに……深い謙虚さ、真の価値――単純で高貴で崇高な――を私心なく追求していることを、金持ちで世俗的で成功した、表面的でかどがなく心のこもらない、道徳的に空虚なフランス人に対照させた。このような気運は、ナポレオンにたいするナショナルな抵抗の時期に熱病的なところにまで達した。そしてたしかに、多くの搾取された、ともかく見下された後進社会の反応の仕方の最初の実例となった。（バーリン 一九九二、二九八―二九九頁）

このいささか詩的な表現には、二〇世紀後半の「第三世界」の「輝かしい」ナショナリズムの歴史を彩ったモティーフが見事に表現されている。ナポレオン戦争での敗北を機に言語（ドイツ語）による「内的境界」にもとづいてドイツ民族の「永遠性」を説いたフィヒテの『ドイツ国民に告ぐ』（一八〇八年）もまた、そうした優越した外部の「他者」によって加えられる「傷」を「癒」そうとする「救い」の言葉にみちている。それは「曲げられた小枝のはね返り」であり、「抵抗」の「健全性」を示しているとも言えるだろう。

丸山眞男が「明治国家の思想」（一九四六年）で説き、さらに作家の司馬遼太郎が『「明治」という国家』（一九八九年）で回想している、西欧列強の脅威に立たされた近代国家草創期の「日本のナショナリズム」なども、バーリンの言う「曲げられた小枝」の「けなげな」自己救済の試みということになるだろう。

しかし、そうしたナショナリズムの積極的なイメージは、決して不変であるわけではない。丸山が、アジア諸国のなかで日本はナショナリズムの「処女性」をすでに失った「唯一の国」であり、その「勃興―爛熟―没落のサイクルを一応完結した」（丸山 一九九五e、五九頁）と慨嘆を込めて振り返っているのは、ナショナリズムの「救い」と「病い」という両義的なイメージが歴史的な条件によって変化していくことを意味している。また司馬が、幕末から日露戦争までの揺籃期の日本近代に漲っていたナショナリズムの若々しいエネルギーを「国民の物語」として語りながら、日露戦争から大日本帝国崩壊の日までを「魔の季節」、近代日本が生み出した「鬼胎」の四〇年と呼んだのも、ナショナリズムの「救い」と「病い」があざなう縄のように局面の変化に応じて突出してくることを意味している。

ナショナリズムの歴史を、その「救い」の時期と「健康な進歩的精神」を失い「病い」膏肓に達した時期とに分別し、前者の「精神」とその記憶をすくい上げようとする語りは、明治という〈近代〉の前提となる等質的な持続のなかの「異質で卓越した断片」として国民的同一性《ナショナル・アイデンティティ》を確認する「回想の場所」であることを意味している。その意味で丸山や司馬の「明治国家の思想」や『「明治」という国家』の語りそのものがナショナル・ヒストリーの有力な一部となって、そうした「回想の場所」の特別な意味を国民の記憶《ナショナル・メモリー》のなかに刻みつけることになるのである。後に第Ⅱ部で触れるように、そのようなナショナル・ヒストリーの語りが戦後という「国民の歴史」を決定づけた出来事として、その冒頭で「明治大帝」の「五箇条の御誓文」に言及している敗戦翌年の昭和天皇の「年頭詔書」（いわゆる「人間宣言」）をあげることができる。

このようにナショナリズムの〈近代〉のどの時期を「救い」とみなし、どの時期を「病い」とみなすのか、その境界設定それ自体がナショナリズムの言説を構成していることをあらためて確認しておかなければならない。その意味で、ナショナリズムの両義性の捉え方にネイションの「自意識」が反映しているのである。

2　〈自然〉と〈作為〉のあいだ

ナショナリズムの両義性は、〈近代〉の抱え込んだアポリアであるが、そのアポリアは、決してひとつの〈近代〉として括られるべき大文字の〈近代（Modernity）〉のそれではなく、むしろ多様な地域や場所、階層やジェンダー、人種やエスニシティによって異なる複数の〈近代（modernities）〉のアポリアとみなされるべきである。その意味で、ひとつの大文字の「ナショナリズム（Nationalism）」の〈近代〉ではなく、いくつもの「ナショナリズム（nationalisms）」の〈近代〉が想定されなければならない。

しかし複数のナショナリズムと言っても、どのナショナリズムにも先の両義性はつきまとっている。それは、ネイションをめぐる観念の二重性と密接にかかわっている。この二重性とは、ネイションが、一方では自生的な共同体としてあらわれ、他方では作為的な抽象的統一体とみなされることを意味している。この二重性を、例えば後にウルトラ・ナショナリストに変貌した社会学者の清水幾太郎は、まだ「愛国心」が掻き立てる「心のさざなみ」（清水 一九九二、一三頁）を自覚していた頃、次のように綴っている。

昭和十七年十二月、私は南方から日本へ向ふ輸送船に乗つていた。六日の早朝であつたらうか、甲板へ出て見ると、眼の前に陸地が迫つている。霞に包まれた山々。潜水艦の荒れ狂ふ海を怯えた眼で眺め続けて来た吾々の前に、突然この山々が現はれたのである。誰かが叫ぶ。「九州だ。長崎の辺りだ」。漸く私は生きて再び日本の土地を見ることが出来たのである。私はこの長崎の山に抱きつきたくなつた。恐らく私の仲間はみな同じ気持であつたに違ひない。みな黙つて山々を見つめている。だが、この長崎の山々というものを、私は生れて初めて見るのである。懐しい日本、と言ひながら、この山々は私にとつて見覚えのあるものではない。見覚えのないもの、初めて見るもの、それを私たちは抱きつきたい思ひで、撫でさすりたい思ひで眺めている。……自分が直接に接触したことのない土地や人間、さういふものと自分との間に何か特別の結びつきがあるやうに思はれ、懐しいといふ感情に駆り立てられるのは、私たちが幼時から受けて来た教育の力によつてであらう。教育が、私と長崎の山々との間に特別の関係のあることを教へてくれたのであつて、若し自然のままに放置されていたら、私は長崎の山々を見ても、決して特殊の感情を抱かなかつたであらう。国家への結びつきといふものには、必ず何処かに人為的接合剤が働いている。ただ自然の傾向だけによるものではないのである。（同書、二四―二五頁）

ここで清水が指摘している「自然の傾向」と「人為的接合剤」の二重性は、ネイションが、日常の身近な対面的コミュニケーションがつくり出す田園風物詩的な愛情の対象にとどまらず、その範囲をはるかに越えたゲゼルシャフト的な社会関係や領域をも包含する「想像の共同体」（ベネディクト・アンダーソン）であることを意味している。言い換えれば、ネイションは、直接的な対面的関係を越えるゲゼルシャフトでありながら、その内部にいるメンバーのすべてを平等な市民権をもつ同胞とみなすゲマインシャフトとして現れてくるのである。この意味で「普遍主義が特殊主義の形式において現象するという逆説にこそ、ネイションの本質的な特徴がある」（大澤 一九九五、八二〇頁）と言える。

ただフランス革命をひな型とする革命的・民主的・ジャコバン的な「愛国心」の「近代性」を唱える立場からみれば、自生的な共同体のイメージで語られる「祖国（patrie）」は、決して先在的・実在的な単位ではなく、むしろその反対物にほかならなかった。つまりネイションは、あくまでもその成員となる人々の「政治的選択」によってはじめて創造（想像）されるのであり、それによって忠誠心の断絶と新たな方向づけが生じてくるのである（ホブズボーム 二〇〇一、一一二頁）。このフランスに端を発し、米国に「純粋な形で保持されている」ネイションの観念からすれば、「エスニシティ、歴史、言語あるいは住んでいる場所で話される方言、こうしたものは「ネイション」の定義には」（同書、一一三頁）関係がないことになる。

「国民の存在」を「日々の人民投票（un plébiscite de tous les jours）」に求めたエルネスト・ルナンの主意主義的なネイションの思想は、そのような「近代主義」的なネイションの観念を代表している。ルナンにとって、ネイションとは、「人々が過去においてなし、今後もなおなす用意のある犠牲の感情によって構成された大いなる連帯心」であり、「それは過去を前提」としつつ、「明確に表明された共同生活を続行しようとする合意」という「一つの確かな事実によって現在のうちに要約」（ルナン　一九九七、六二頁）されるのである。このいわば〈作為〉に焦点を結ぶネイションの観念が、ある特定のネイションの特徴にとどまらず、「普遍的「人間」の人間性を代表」し、それによって「例外的「国民」」（鵜飼　一九九七、二八二頁）とみなされたのは、ナショナリズムがデモクラシーと結びついて語りうる地平を拓いたからだろう。つまり、ネイションとしての「祖国は神であると共に、また吾がものであ」り、それは「精神と肉体とを献げる神でありながら、而もまたそれは自分の精神と肉体との延長であり、拡大」（清水　一九九二、六三頁）となったのである。このネイションの世俗的な「解放の神学」は、〈近代〉と結びついた大文字の「ネイション（Nation）」の出現を可能にし、これを範例として多くのネイションズ（nations）が世界中に創造されるようになった。逆に言えば、この範例は、「モジュール」（ベネディクト・アンダーソン）となって世界中に伝達され、「想像の共同体」のイメージを掻き立てたのである。

ナショナリズムとデモクラシーの「結婚」からなる作為的なネイションの思想は、確かに「個人の選択による決断」を突きつけることになった。この決断主義的な契機をテコに近代的自由（主体的自由の論理）と国家秩序とが内面的に結合したナショナリズムの「合理化」を図ろうとする試みは、「後発国」の近代知識人に共有されたヴィジョンだ。丸山眞男が福澤の「国体」（ナショナリチ）に関する定義を敷衍して「報国心」という「瘠我慢」こそが福澤のナショナリズムの核心をなしていると説明するのは（丸山 一九九六n、一五三―一五四頁）、そうした事情を物語っている。もちろん、後に触れるように総力戦期にナショナリズムとデモクラシーの「弁証法的全体主義」を構想した丸山であれば、フランス革命以来の「範例的」なネイションの思想が、国民が自らすすんで大量に殺し合う「共殺共死」の過剰殺戮時代の扉を開いてしまった悲劇的な逆説に盲目だったわけではないだろう。

そうした〈近代〉の凄惨さは、先に引用した清水の言葉をかりれば、ネイションが自らを捧げるべき世俗の神になり、同時に自分の精神と肉体の延長になったからである。それは一面において「範例的」なネイションの観念が「大衆的市民の従属性」によって歪められた悲劇的な結末だったと言える。

しかも一九世紀の八〇年代から第一次世界大戦勃発の時期は、国家内でも国家間でもそれまで知られていなかったほど大規模な移動が行われた時代であり、帝国主義の時代でもあった。この時代にはとくに大衆のナショナリスト的な排外主義と「新しい擬似科学的な人種主義が説く民族的優越性の感情」（ホブズボーム二〇〇一、一一七頁）が動員されやすくなっていたのである。それは、デモクラシーと結びついた作為的なネイションの観念が、人種やエスニシティの擬似自然的な同一性の影響にさらされ、その初発の理念を「変質」させていくプロセスを意味していた。

もっともこうしたナショナリズムの「変質」を説く立場は、革命的・民主的なナショナリズムと排外的・人種差別的なナショナリズム、「例外主義型ナショナリズム」と「正常化論型ナショナリズム」（鵜飼一九九七、二八二頁）を弁別する「近代主義」的なネイション理解の偏向に陥っているとも言える。

この点を批判してアントニー・D・スミスは、いずれのナショナリズムも、〈作為〉の論理にもとづく「市民的・領域的要素」だけでなく、「エスニック的・土着的（あるいは系譜的）要素」（スミス一九九八、三七頁）を含んでおり、現実のネイションはその混合体から成り立っている、と指摘している。前者のネイションの概念が、「歴史上の領域、法的・政治的共同体、構成員の法的・政治的平等、共通の市民的文化とイデオロギー」から成り立ち「標準的な西欧モデルの構成要素」だとすれば、ネイションの「エスニックな」要素や系譜的な出自、土着文化を強調するネイションは「非西欧的なモデル」（同書、三五頁）ということになる。

しかし実際にはそのような区別は明確ではなく、ネイションの〈作為性〉と〈自然性〉のグラデーションによって「西欧モデル」と「非西欧モデル」の対比が浮かび上がってくるにすぎない。その意味でネイションとは、「歴史上の領域、共通の神話と歴史的記憶、大衆的・公的な文化、全構成員に共通の経済、共通の法的権利・義務を共有する、特定の名前のある人間集団」（同書、四〇頁）と定義することができる。

　第Ⅱ部でみるとおり、「国体」としての明治国家は、ある意味でこれまで述べてきたようなネイションの二重性、その〈自然性〉と〈作為性〉を絶妙に配したひとつの政治的な「作品」だったと言える。それは、スミスが半ば驚嘆の念を交えて挙げているように、王朝国家と同質の歴史的文化をもつ人間集団とがぴったり重なり合っていた古代エジプトの場合と同じように「エスニックな同質性」（同書、九四頁）を誇りえたのである。もちろん、「アイヌ」や「琉球」、在日韓国・朝鮮人などのマイノリティの存在が日本の「国体」の近代に常につきまとってきたことは言うまでもない。この点についてテッサ・モーリス＝鈴木は、滅びゆく先住民族としてしかみられてこなかった「辺境の民」（アイヌ）の〈近代〉に焦点を当てて、次のように指摘している。

> 「公民《シヴィック》」という点に強い力点をおいた国民把握にあっても、国民であることのイメージは例外なくといってよいほど、ある特定の「民族《エスニック》」共同体の想像された伝統によって色濃く縁どられている。また逆に、「民族」という点を強調した国民把握のもとで打ち出される、有機的に一体化・統合された「フォルク」Volkというヴィジョンにしても、多種多様な文化的マイノリティの位置にかかわる厄介な問いかけが生ずる可能性を

除去できはしなかった。さまざまな国民国家と、それらが編入した国家形態をもたないさまざまな小社会との関係を探査すると、こうした両義性がありありと浮かび上がってくる。（モーリス＝鈴木 二〇〇〇、一一二―一一三頁）

「国民体（nationhood）」の形成とは、そのような両義性を「解消」するために支配的なエスニー（「日本人」）が他のエスニーやエスニックな残滓を国家のなかに編入、同化、あるいは排除しつつ、ネイションをそれに固有の時間と空間のなかに位置づけていくプロセスを意味していた。近代日本でその中心となったのが「国体」（意識）にほかならない。

3 ナショナル・アイデンティティとナショナル・ヒストリー

テッサ・モーリス＝鈴木は、アイデンティティという多義的な概念には、一方では「自己創出的で自律的な諸個人のあいだの契約として社会的帰属を考える」見方と、他方で「自己創出的で自律的な文化集団が個のアイデンティティの創り手である」という見方があり、この両極を排して、記憶、意味、自己決定に関する個と集団の「終わりなきインタープレイ」（モーリス＝鈴木 二〇〇〇、一六〇―一六三頁）の複合的な過程に目を向けるべきだと述べているが、ナショナル・アイデンティティこそ、個のアイデンティティをナショナルな文化や帰属、共同体や歴史の「ひとつの継ぎ布にしっかりと縫いとめ」ようとする集合的な人格意識にほかならない。

ナショナル・アイデンティティは、強制的で標準化された大衆的な徴兵制や公教育、共通の価値や象徴、神話や儀式を通じてナショナルな共同体の構成員を「国民」として社会化していくのである。国家はこれらによって国民の国家に対する献身と同質的な文化を鼓舞しようとする。そのために活用される象徴や儀式は、旗や国歌、パレード、貨幣、首都、宣誓、民族衣装、民俗博物館、戦争記念館、戦死者の追悼式、パスポート、国境などである。また明示的ではないものとして国民の娯楽やスポーツ・イベント、自然の風物詩、礼儀作法、建築様式、芸術と工芸、都市計画様式、法手続きや教育実践、軍律などが挙げられるだろう。これらは、「歴史的文化をもつ共同体の成員に共有された独特の慣習、社会的慣行、行動や感情の様式や方法」（スミス 一九九八、一四二頁）を指している。

このようなアイデンティティと文化の構成要素によって形づくられるナショナル・アイデンティティの感覚は、ネイションの集合的な人格と文化のプリズムを通して個々人を世界のなかで定義し、位置づける決定的なテコになるのである。〈近代〉が強いる変化と不確実性とを切り抜けていかなければならない、多くの分断され方向感覚を見失った諸個人にとって、ナショナル・アイデンティティは「信頼すべき自己」とその帰属する共同体の再発見を可能にする拠り所となっている。

ところで、スミスはナショナリストの言説と象徴が喚起する感情や熱望の下には「領域、歴史、共同体という三つのおもな媒体」（同書、一四三頁）と関連するものが横たわっていると指摘しているが、この三つの媒体は近代日本のネイションを考えるうえでも示唆にとんでいる。

ネイションの領域というとき、一般的に思い起こされるのは国境《ナショナル・ボーダー》である。それは国民国家の境界として理解され、もっぱら地理学や国家理性による外交戦略の対象であった。つまり、国境は「バウンダリー」として近代地理学の「ニュートラル」な知の体系に包摂されるべきテーマであったり、あるいはナショナル・インタレストの争点としてとらえられてきたのである。しかし近代地理学の「眼差し」は、ジェロイド・O・トゥアーセルが指摘しているようにフーコー的な意味での「知／権力」関係のポリティックスによって縁取られ、決してニュートラルではありえなかった。そして地理をめぐる争いは、せめぎ合うイメージや想像力のあいだの抗争であり、地図上の対象や国境線の物理的な性格だけでなく、ナショナルな理想化された「自己」と野蛮な「他者」、「われわれ」と「彼ら」のあいだの言説上の境界をめぐる支配と抵抗の抗争でもあった（Tuathail 1996, pp. 14-15）。日本の場合でいえば、「蝦夷地」（「アイヌ」）に対する国境線の強要は、モーリス＝鈴木が言うように、「領域としての辺境《フロンティア》」の国家形態なき小社会の多様性とその「テクネー」に依拠する分散型の知の体系が、国民国家システムと「エピステーメ型」の文明的な知の体系（モーリス＝鈴木二〇〇〇、一九頁）によって包摂され、不可視化されていく過程を意味していた。

ここに万国公法という新しい国民国家システムへの参入と日本の「文明化」が、新たに明治国家の領域内に編入されるべき「辺境の民」にとって「同化」として立ち現れることになったのである。

　このような地理をめぐるイメージや表象、さらに「自己」と「他者」をめぐる抗争は、中国を中心とする宗藩関係の秩序原理にまどろんでいた朝鮮との「接触」のなかで、より激烈な様相を呈することとなった。それは、単に地理的な空間をめぐる争いにとどまらず、記憶の反復を通じたナショナル・ヒストリーの捏造に近い再編過程でもあった。

　スミスは、近代的なネイションの「エスニックな基礎と起源」を跡づける上では「〈神話‐象徴〉複合体として一括しうるような、エトニの神話・象徴・歴史的記憶・中心価値の性質（形態と内容）」（スミス　一九九九、一九頁）が重要だと述べているが、この点は地理的権力の行使と絡み合って対‐朝鮮との関係において、より露骨な形態をとるようになった。

　よく知られているように、福澤諭吉は『西洋事情』や『掌中　万国一覧』、『世界国尽』など、西欧との異文化接触の経験から生み出された「地誌体系」や「地誌入門」、「地誌手引」や「地誌事典」などをもとに人種や民族の「蛮野文明の別」を論じたが、その福澤には明治国家の東洋政略を明らかにしようとした『時事新報』のなかで朝鮮を一貫して「野蛮」、「未開」として描き出している。その言説上の一貫性は、朝鮮という「文明の他者」に関するステレオタイプ化されたイメージを喚起している。具体的には「頑迷固陋」、「固陋不明」、「狐疑」、「頑陋」、「旧套」、「怯懦《きょうだ》」、「残刻不廉恥」、「傲然」、「卑屈」、「惨酷」、「残忍」などの非歴史的なイメージが執拗に反復されているのである。ここに朝鮮は、日本というナショナル・アイデンティティの自己イメージを映し出す否定的な鏡として呼び出され、自らの劣った「オリエンタル」な性格を投射すべき場所となっているのである。

　東洋における「文明の魁」としての日本と、その輝かしい歴史と地理に立ちふさがる「野蛮」、「未開」としての朝鮮。このコントラストは、近接するナショナルな空間の異質性を示しているだけでなく、ふたつのネイションの上下関係をあらわしてもいる。そのヒエラルヒーは、同時に『古事記』、『日本書紀』が描き出す、朝鮮半島を含む「帝国」日本の天皇「神話」（米谷 二〇〇一、三三五頁）の歴史を想起させることになった。例えば明治三年の「対朝鮮政策三箇条につき外務省伺」では、「皇国支那と比肩同格等の格に相定り候上は、朝鮮は無論に一等を下し候礼典を用候て……」（「対朝鮮政策三箇条につき外務省伺」一四頁）と明記され、その「固陋未開物産寡少」（同書、一三頁）のさまが強調されている。そして眼前の朝鮮との「交際」で歴史の記憶として喚起されているのは、まさしく「在昔神功皇后御一征の雄績」（同頁）にほかならないのである。ここには天皇＝日本が朝鮮を「綏服《すいふく》」（安んじ、従わせること）することが、いわばナショナル・ヒストリーの神話的資料の想起によって「現前」化されているのである。つまり、「近代の転換期のなかで、朝鮮半島の王権に優越し、それを従属させる王権としての「天皇」号」がクローズアップされ、そのなかで『古事記』や『日本書紀』の神話・伝説が浮上」（米谷 二〇〇一、三三八頁）しているのである。その「天皇」号を冠する共同体は、「国体」として立ち現れるようになった。

　第Ⅱ部では、この「国体」をキー・コンセプトにして日本におけるナショナリズムの問題に踏み込んでみたい。

第Ⅱ部　「国体」ナショナリズムの思想とその変容

第一章　基本的な視座

　これまでみてきた通り、ナショナリズムは、きわめて近代的な現象であり、旧い革袋に新しい酒を盛るようにして共属意識を創出し、言語を生き返らせ、ときには発明して、名称をつくり出し、〈われわれ〉を〈彼ら〉から区別する習慣的実践の総体であることがわかった。その意味で、ネイションという集団の持続性と根源性を強制することは、そのメンバーに対しては相当のイデオロギー的価値をもっていても、そうではない者にとってはほとんど価値がない（アリギ＋ホプキンス＋ウォーラーステイン　一九九二、二八頁）と言える。この点をついて、ウォーラーステインは、「お望みとあらば、われわれの共同社会《ゲマインシャフト》（この場合はネイション）は、（出自がはっきりしないために）その名前を呼ぶのがはばかられる愛の対象である」（ウォーラーステイン　一九九三、一〇六頁）と皮肉っているほどである。

　ただ、そうはいっても、ネイションはそれこそ無から恣意的に捏造される単なるフィクションではない。現在のアクチュアリティの濾過装置によって選別され、復活、発見、あるいは創造される伝統や神話、記憶は、ただのフィクションではないからだ。もっとも、そうした濾過装置のしくみも、先験的に与えられているのではなく、さまざまな階級や集団、人種やジェンダー、さらには地政学的なヘゲモニー闘争によって作り替えられていく可変的なメカニズムでもある。その場合にネイションを創出するアクチュアルなヘゲモニーの形成に決定的な役割を果たす集団、それが「知識人」である。

ネイションと近代国家の形成・発展における政治的指導とヘゲモニーに対する知識人の役割にいち早く独創的な表現を与えたアントニオ・グラムシは、知識人について次のように指摘している。

知識人たちからなる独立した階級が存在するのではなく、あらゆる社会集団はそれぞれが独自の知識人層をもっているか、それを形成しようとめざすのだということ、しかしまた、歴史的にみて（かつ現実主義的にみて）進歩的な階級の知識人たちは、条件があたえられたならば、大いなる吸引力を行使するのであって、究極的には、他のもろもろの社会集団の知識人たちを自らのもとに従属させるにいたり、ひいては全知識人のあいだに心理的なきずな（虚栄心など）やときにはカースト的なきずな（法律専門家層としての結びつきとか同業組合的な結びつきなど）をともなった連帯の体系を創出するにいたるのだということである。（グラムシ 一九九九、六七頁）

このグラムシのテーゼは、「イタリアはつくられた、これからはイタリア人をつくらねばならない」というポスト・リソルジメント期におけるネイションの「教育者としての知識人」とヘゲモニーをめぐる論争に活かされていくことになる。「人民的-国民的な集合的意志の形成」と「知的道徳的革命」とは、そうした論争のなかで練り上げられたピボッタルな概念である(『国民革命幻想』一五九頁)。戦間期のイタリアを代表するベネデット・クローチェやジョヴァンニ・ジェンティーレ、さらにはルイージ・ルッソやグラムシらを巻き込んだ、国民統一運動期の「(国民)教育者としてのデ・サンクティス」の再評価をめぐる論争は、「国民革命幻想」に知識人が果たした役割を示す証左である。

もちろん、「知識人の終焉」が叫ばれ、知識人の「栄誉称号」をナショナルな伝統のなかに探し求めようとする努力がほとんど関心を引かない現在、グラムシ的な知識人とネイションの創出をめぐるヘゲモニーとの関係そのものが溶解しつつあると言えるかもしれない。しかも、インターネットなどの電子メディアが、個の単位に微分化されたコミュニケーション・ネットワークを可能にしている「メディア社会」では、「大衆共同性から上昇的に疎外された大衆」であると同時に「支配者から下降的に疎外された大衆」(吉本 一九六四、一一頁)としての知識人像など成り立ちえなくなっている。いまやナショナル・メディアによって均一化されてきた大衆そのものが、グローバル化のネットワーク社会のなかで情報のコンテンツを取捨選択し、発信できるようなミニマルな文化をもった小規模の集団や個人へと多重的にネットワーク化されつつあるからだ。

にもかかわらず「はじめに」で紹介したように、評論家やジャーナリスト、学者や漫画家などが活用するメディアはさまざまであっても、「ニッポン」の「ネオ・ナショナリズム」

がグラムシ的な意味での「人民的‐国民的な集合的意志の形成」と「知的道徳的革命」を標榜していることは、「日本人」としての「ナショナル・アイデンティティ」や「こころ」、「精神の習慣」や「国民の道徳」といったキーワードからも推測される。その意味でナショナリズムと知識人との関係という問題系は、決して消滅してしまったわけではない。ましてや、過去に遡れば遡るほど、その問題系はナショナリズムの思想とからんできわめて重要な意味を帯びていく。

以下では主にグラムシ的な意味での知識人の代表的な「国体（ナショナリズム）」の思想とその言説を批判的に再構成しつつ、その「不気味な実在感」の意味を考えてみることにしたい。

ところで、日本で知識人や知識階級が人口に膾炙するようになったのは、ほぼ大正期の後期とみてさしつかえない。明治期にはそれに対応する言葉としては学者・学者先生、学識者、有識者・有産階級などが一般的であり、戦後（第二次世界大戦以後）は文化人や知識人が頻用されている。大正期の知識階級という言葉の成立にとって決定的な影響を与えたロシア語の「インテリゲンツィア」が、高度な知識をもちながら社会的には有用ではない「余計者」というニュアンスをもっていたことを考えると、知識階級や知識人というタームがどんな歴史的なコンテクストのなかで誕生したのかがよくわかるはずである。大衆的共同性からも、支配者からも「上昇的」かつ「下降的」に「疎外」された「大衆」としての知識人という吉本の規定をみても、そうした歴史的な意味合いは戦後まで影を落としていたことがわかる。

大正期以降、インテリや知識階級にそのような「疎外」のイメージが漂っていたのは、明治二〇年代以後、個人の人格的な自立とナショナルな独立の抱負が内面世界のなかで乖離し、明治前期の「潑剌としたナショナリズム」が帝国・日本＝「国体」のなかに吸収されていったからである。丸山眞男によれば、そうした自我意識と国民的抱負の幸福な蜜月が破綻し始めたちょうどそのときが、日本における近代文学の誕生の時でもあった（丸山 一九九六j、二四二頁）。つまり、国家体制としての「国体」が大日本帝国憲法と教育勅語の発布によってその威容を整えるようになったとき、「反政治的もしくは非政治的態度」を特徴とし、文学（芸術）の「聖域」に立て籠もる近代文学が産声を上げたのである。さらに、そのような「反政治」あるいは「非政治」的な美の論理は、「全《オール》政治主義」に翻転する可能性を秘めていた。後に触れるように、「国体」ナショナリズムの情念は、そうした主情的な美学の論理によって支えられていたのであり、それは政治秩序としての「国体」の国家理性と両義的な関係をもちながら、同時に「国体」ナショナリズムの美的ユートピアを担っていくことになる。

このようにみるならば、体制としての「国体」ナショナリズムに対する文化としての「国体」ナショナリズムを担う知識人たちこそが、公私のビューロクラシーのなかに編入された「制度的知識人」とは異なる「自由知識人」（同書、二四四頁）ということになるだろう。橋川文三の「美の論理と政治の論理」（橋川 一九八五b、二三九―二五八頁）が言及している例で言えば、三島由紀夫がその代表格であり、また審美的な倫理という点で和辻哲郎を挙げることもできる。さらに知識人が言葉として発見される以前の時代でいえば、本居宣長をその筆頭に挙げることができる。

「国体」ナショナリズムの歴史とその変容に限っていえば、体制としての「国体」と、「文化（美）」としての「国体」思想を担う知識人たちの相克あるいは牽引《けんいん》は、「制度的知識人」と「自由知識人」の複雑な絡み合いという意味合いを帯びていたことになる。もちろん、ふたつのタイプの知識人の境界は決して固定的ではなく、和辻のように帝国大学の官学アカデミズムを代表するような場合も決して例外ではない。ただ一応の理念型的な整理として「国体」ナショナリズムの両義性は、それを担う知識人のタイプの対立と照応していると考えるべきだろう。

本章では以上のようなことを念頭に、四つの視座から「国体」ナショナリズムの思想とその変容を明らかにしてみたい。

その第一は、既に触れたことだが、「国体」ナショナリズムにおける美の論理と政治の論理という二元性の視座である。この二元性が現在も「日本語」で創作活動をする「アウトサイダー」にとって「必然的な」テーマにならざるをえないことを、リービ英雄は自らの経験を交えて次のように語っている。

「外」から日本に入る結果として、その「日本」について日本語で書くとき、ふたつのテーマがどこか、必然的に、浮かび上がってくる。一つは広い意味での「言霊《ことだま》」――日本語のアニミズムの深層――であり、もう一つは広い意味での「排他」――あらゆる共同体に付随する「内」と「外」をめぐる執拗な差別性――である。一つのテーマは本質的に「詩」、もっと正確にいえば「歌」と共通するものであり、もう一つは本質的に「政治」、あるいは最近の西洋のノンフィクションの大きな部分を占めてきた「日本論」と通底するものである。一つは、三島由紀夫的に「右」でなければならない、とすれば、もう一つは、在日朝鮮人文学的に「左」でなければならない。……「単一民族」という幻想の下で、日本国内の言論における「日本像」が妙に日本人自身が小泉八雲に扮したかのような自己オリエンタリズムに陥った時代。そして経済大国の出現によって、ウォルフェレンが代表しているような「システム」批判が西洋の「日本像」の大部分を占めるようになった時代。そんな時代に、ぼくの小説が船出してしまったのである。
（リービ 二〇〇一、四四―四五頁）

ここで「歌」とリービ英雄が指摘している「言霊」の世界を、審美的な主情に彩られた世界とみたてれば、それは例えば歌学から出発した宣長の「随神《かんながら》」の世界に通じているはずである。作為的な規範性を排し、「人それぞれが己れの情の動くがままに行動して、しかも社会の共同性が損なわれることのないようなかんながらの世界」（橋川 一九六八、九三頁）、これこそが、美的ロマンティシズムによって潤色された「国体」ナショナリズムの一方の片割れにほかならない。

これと対をなしながら分裂して立ち現れてくる政治の世界としての「国体」は、神勅的な祭政一致から君民同治、ファナティックな超国家主義、さらには天皇機関説的な「国体」思想や保守的な象徴天皇制に至るまで、かなり広い範囲にわたっている。この過剰なほどに多様な政治的表象作用において、「国体」は「何ものかを意味するという以上に、むしろその意味されるところのものが不変であり「不可侵」であることを語ることに」その最大の政治的な機能があるような「記号」（松浦二〇〇〇、三一七頁）でもある。

「国体」のこうした「茫漠としたコノテーション」（同書、三一五頁）は、美の論理と政治の論理、〈自然〉と〈規範〉、〈私〉と〈公〉の分裂ゆえに引き起こされる曖昧さによるものである。それがどんな「特異な」ナショナリズムとなって噴出することになったのか、それを明らかにすることが第一の視座である。

第二の視座として挙げておきたいのは、「国体」の境界の弾力的な可変性である。松浦寿輝は、「国体」とは「表象作用の機能不全それ自体によって機能する表象という意味論的奇形」であり、「空洞化した表象」、「空洞性それ自体を表象している擬似表象」（同書、三一七頁）であると述べているが、「国体」はその空間的な範囲の確定と境界設定において変幻自在の可塑性に満ちている。

もっとも、融通無碍のフレクシビリティは、同時に意味の混乱と表裏をなしている。「国体」が膨張したとき、また逆に収縮したとき、その両義性は劇的な形となって発現し、「国体」に関する意味のインフレーションが生じることになる。前者の場合は植民地と「国体」の関係にかかわっており、また後者の場合は「戦後「国体」」の米国に対する従属的なコラボレーションと関連している。このふたつからわかるのは、「国体」は外延的にも内包的にも非「国体」的なものと混交し、そうすることでナショナルな領域を浮かび上がらせるようなレトリカルな言説戦略だということである。この意味で「国体」の境界移動は絶えず「不純な」他者と異種配合しながら内部の「純粋性」の領域を浮かび上がらせようとするのである。

第三の視座は、縦軸の歴史を貫く連続体としての「国体」の心象歴史（imaginative history）（エドワード・W・サイード）である。「万世一系」や「天壌無窮」といったスローガンにあらわれているように、「国体」の権威は縦軸の連続的な無窮性によって支えられており、そのイメージは天皇＝皇室の「血統の連続的な増殖過程」（丸山 一九九六k、二四頁）と重なり合っている。その生物学的な無限の適応過程としての無窮性は、そのエネルギーを絶えず新たに全過去を「代表」（＝表象（re-present））する「いま」から導き出しているのである。明治国家が復古と維新をかかげることができたのも、そのような「いま」を結節点に結びつく生成のエネルギーゆえだった。「国体」的なるものは、丸山が「歴史意識の「古層」」で巧みに表現した言葉を使えば、「「近代化」と古層の露呈という二重進行の形」（同書、六一頁）をとって発現するわけである。

こうした「国体」の心象歴史は、「政治的考古学者（political archeologist）」（Smith

1999, p. 11）としてのナショナリスト知識人（文献学者、歴史家、考古学者、民俗学者さらには文学者たち）によって再発見され、「真正な（authentic）」ものに純化されて、さらに「再流用」されるようになる。後に触れるように、このような「国体」の心象歴史は、国学的な審美的「国体」論者やウルトラ・ナショナリストたちだけでなく、保守的な文化的「国体」の擁護者や、「文化国家」的な「平和国家」の提唱者のなかにも様々な偏差をともないつつ執拗に反復されている。

最後に挙げておきたい第四の視座は、あえてラディカルな表現を使えば、「国体」的なるものの「内破」と「外破」の可能性にかかわっている。すでに北一輝は、ファシスト的な国家社会主義の立場からではあるが、ひとつの筒のように連綿と繋がる「国体」史（national history）の歴史的アプリオリを暴き出し、その神話的な純粋性を混濁させる言説の戦略をとっていた（北 一九五九）。このいわば雑種性の契機に着目した「国体」論批判は当時の「国体明徴」的な「国体」論の急所をつく巧みな言説戦略であり、現在でも有効性を失っていない。

その意味でいま最も注目すべきは、「網野史学」として定着しつつある網野善彦の「日本」史論である。網野は日本社会や日本民族、日本文化や日本人など、「日本」を主語として国家＝「国体」に収斂する歴史像――「孤立した島国」、「瑞穂国」、「単一民族」などの虚像が斉一なナショナル・アイデンティティしか許容してこなかった点を批判し、「女性、老人、子供、さらに被差別民の社会の中での役割、山野河海に関わる生業、河川・海上交通の実態、流通、情報伝達」（網野 二〇〇〇、三五二頁）など、様々な差異性の契機を発見し、復権させることで新たな「日本論」の可能性を切り開こうとしている。しかも、その構想は一国史観的な「国体」論のコロラリーとしての「日本人」論や「日本文化」論の境界を突破して横に、つまり列島外の諸地域との交流史にまで及んでいる。こうした意味で「網野史学」は、複数の「日本」（史）の発見に通じる回廊になろうとしているのである。そこには「国体」ナショナリズムを「内破」し、同時に「外破」するようなブレークスルーの契機が可能性として用意されている。そうした複数の「日本」へと開かれていく中世史像からレジームとしての「国体」が誕生した明治以後の「日本」を逆遠近法的に眺めることで、国家＝「国体」に引きずられた歴史の「虚像」と「日本人」のアイデンティティはより遠景にかすんでいくことになるはずである。

ただ、それでも、そうした中世史像が国民国家の形成を経て植民地帝国へと拡大し、総力戦の「社会的水準化《グライヒシャルトウンク》」の果てに敗戦とともにポストコロニアルな国民国家へと変身を遂げた「国体」の近代とどのように断絶し、あるいは連続しているか、その複雑な諸相を明らかにしておく必要があろう。なぜなら、地域やエスニック・グループ、ジェンダーや言語などの多様な個性とその異質性《ヘテロジエニティ》＝異種混交性をナショナルな境界から解き放つことは、自民族中心的な国民国家とそのナショナル・ヒストリー（「国史」）の呪縛からの解放を意味しているとしても、それだけでは〈帝国〉としての「国体」、あるいはトランスナショナルな〈帝国〉の有力な支柱に転化しつつあるグローバル・パワーとしての「日本」＝「国体」を脱構築することにはなりえないからである。言い換えれば、市場システムとグローバル・リーガリズムを背景にトランスナショナルな大文字の〈帝国〉がグローバル・パワーとして誕生しつつあるというハートとネグリの主張（Hardt and Negri 2000）からみれば、ナショナルな境界を横断するグローバルな〈帝国〉的権力は、文化的な差異や異種混交性をより積極的に活用しつつ、それらをより柔軟な序列構造のなかに配置していくことになるからである。

もちろん、戦前においても国民のぴっちりとひきしまった皮膚を他民族にまで拡大しようとした「ロシア化」の戦略は、「国体論」の危機的反応を誘発し、一方では「国体論」の合理化と折衷的な改造がはかられ、他方では「擬普遍的規範性」（橋川 一九八五d、一一六頁）を帯びた「国体の使命」が喧伝される、といった矛盾がみられた。その両義性は現在では、「はじめに」でも紹介したように「ニッポン・ネオ・ナショナリズム宣言」や「ジャパン・アズ・オンリー・ワン」といったカタカナ語の氾濫によくあらわれている。そこではエスニックな共同体としての「日本人」だけの「国体」がイメージされているわけではない。むしろ〈外〉の目、具体的には米国の眼差しで相対化（脱領域化）され、同時にナショナルな空間（と歴史）へと再領域化される「国際」的な「国体」のイメージが漂っている。このことは「戦後「国体」」が自らの内なる「アメリカ」との「談合」（ダワー 一九九九）によって支えられてきた「パラサイト性」を物語ると同時に、「国体」の「国際性」をも指し示している。その意味で「国体」の最新バージョンが米国との「談合」のコラボレーションを通じて〈帝国〉の有力なメンバーへの脱皮を目指しているとすれば、「国体」の脱構築はナショナリズム批判だけにはとどまりえないはずである。「国体」ナショナリズムの脱構築が、同時に〈帝国〉批判へと切り結ぶ地点を探し求めること――これが本書の第四の視座である。

ところで、北一輝が「国家の本質及び法理に対する無智と、神道的迷信と、奴隷道徳と、転倒せる虚妄の歴史解釈とを以て捏造せる土人《ママ》部落の土偶」（北 一九五九、二一〇頁）からなると嘆いた「国体論」は、その歴史的な系譜において決して連続線を描いてきたわけではない。その意味で「国体」ナショナリズムは、「国体論」の形象を「思想の原理的闘争」の拠り所にして打ち出した会沢正志斎の『新論』があらわれた文政年間まで遡ったとしても、それは松浦が言うようにむしろ「近代日本に次から次へと襲いかかった数々の危機に対応すべく練り上げられていった、高度に政治的な言説」（松浦 二〇〇〇）とみなされるべきだろう。したがって、本居宣長などの国学思想まで遡及してみようとするのは、やや牽強付会な感じがしないわけではない。

しかし本節では「国体論」のアルケオロジーという点で宣長を最大の「政治的アルケオロジスト」として取り上げることにする。

それはふたつの理由によるものである。

第一に、宣長が会沢などの後期水戸学に代表される尊王論と国防国家論が醞醸される「前期的国民主義〔ナショナリズム〕」（丸山 一九九六e、二四四頁）の時代を先駆け的に生きたからである。「宣長が、自家の屋上に、鈴屋の名で知られた、ささやかな書斎を、工夫してしつらへ、そこに引籠つて、「古事記傳」の完成に全精力を集中しようとした」(小林秀雄一九八二、五五頁)天明二(一七八二)年の暮れは、すでに天明の大飢饉を告げる天変が起こり、さらに続いて百姓一揆や打ちこわしが頻発していた時代だった。つまり、宣長が「随神」の世界へと学問的な探究を深めていった時代、そこには後の幕藩体制瓦解を予兆させるようなノイズがひしめいていたのである。しかも、危機は内側だけにとどまってはいなかった。その一八世紀後半、宣長のわずか三畳半の世界は、同時に「西欧から押し寄せてくる植民地主義と帝国主義」の世界に通じていた。このことを、櫻井進は次のように描いている。

宣長が、取り外し可能な梯子によって家族から隔離された三畳半の「個室」に閉じこもり、大航海時代の西欧世界が発見した嗜好品である煙草の快楽について語ったこと(『玉勝間』)に、彼の位置は象徴されている。彼は、古代中国や西欧世界の文化や言語によって汚染される以前の、純粋無垢でネイティヴな「日本」の古代世界への憧憬を語ったにもかかわらず、彼自身が置かれていた場所は、皮肉なことに近代西欧が生み出した産業資本主義・ナショナリズム・植民地主義ともっとも近接した場所だったのである。(櫻井 二〇〇〇、一六八頁)

発展段階論的なニュアンスが強いとはいえ、丸山が言うように、ネイションは、一定の歴史的な発展段階で外的刺激を契機として従前の環境的依存(自然的-郷土愛としてのパトリオティズム）から、何らかの自覚的な転換によって自らを「政治的」なネイションにまで高めるものだとすれば（丸山 一九九六e、一二九頁）、宣長の時代には、そしてその思想のなかには、そのような転換の萌芽があらわれつつあったのだ。もちろん、会沢正志斎がそうであったように、宣長の場合にも、尊王論は敬幕論を伴っており、しかもヒエラルヒッシュな封建的秩序の最後の鉄壁を超えて権力の横への拡大が志向されているわけではなかった。むしろ後期水戸学にみられるように「国内に於ける「姦民」は国外からの「狄夷」と同列に於て敵対関係に置かれて」（同書、二五七頁）いたのである。

だが、それにもかかわらず、櫻井が指摘するように、「宣長は悠然として「日本」という絶対性を主張したのではなく、近代西欧の生み出した近代資本主義社会に対する抵抗としてそれを行った」（櫻井 二〇〇〇、一六八頁）のである。

第二に、宣長を「国体」ナショナリズムの最も先駆的な「政治的アルケオロジスト」として注目するのは、宣長に体現された「思惟範型」は、宣長個人を超えてその後の主情主義的なナショナリズムを刺激し、いわば美的な憧憬としての「国体」という言説に繰り返し反復されるようになるからである。それは、作為的な制度、さらには「高度の政治性を戦略的に体現した概念装置」（松浦 二〇〇〇、三三〇頁）としての「国体論」に形影相伴いながら、それに対抗すると同時にその政治性を美意識に還元することで政治を「伝統」や「歴史」に解消してしまう「非政治的」な言説にほかならない。

先に引用したリービ英雄が直感的に感じていた「歌」（＝美）と「政治」のデュアリズム

のうち、宣長の思想は前者を代表しており、それはまさしく「非あるいは反政治的」な審美的心情の世界を通じて最も「政治的な」効果をつくり出してしまう逆説にみちている。というのも、宣長の思想的な意味は、政治的な規範性の及ばない〈私〉の世界の発見にあったからである。もちろん、それは〈公〉へと錬磨されていくべき自己完結的な〈私〉の世界ではない。それはむしろ一切のさかしらな人為を否定するとともに、さらに「主情的な人間自然の絶対化」をも否定するような審美的実感に彩られた「感覚的〈自然〉」の宿る内面世界を指している。もっとも内面性とはいっても、そこにはすべての価値の源泉であり、価値体系の根拠を自らの内に設定するような、そうしたルソー的な内面性と主体が息づいているわけではない。

宣長の主情主義的な〈自然〉は、ずっと下ってドイツ・ロマン派のイロニーでブレンドされた日本浪曼派にその隔世遺伝的な後継者を見いだすことになる。この点を意識しながら橋川は、「日本浪曼派批判序説」を以下のように締めくくっている。「このような精神構造において、ある政治的な現実の形成は、それが形成されおわった瞬間に、そのまま永遠の過去として、歴史として美化されることになる。……こうして、絶対に変更することのできない現実―歴史―美の一体化観念が、耽美的な現実主義の聖三位一体を形成する。保田や小林が、「戦争イデオロギー」としてもっとも成功することができたのは、戦争という政治的極限形態の過酷さに対して、日本の伝統思想のうち、唯一つ、上述の意味での「美意識」のみがこれを耐え忍ぶことを可能ならしめたからである。いかなる現実もそれが「昨日」となり、

「思い出」となる時は美しい」(橋川一九八五a、八八頁)と。「クニ=郷土」を護るために戦った祖父たちの「勇ましい」「物語」の復権を叫ぶ小林よしのりの『戦争論』は、まさしくそうした戦争の記憶さえも「思い出」として美化してしまう耽美的なパトリオティズムのカリカチュアではないか。その意味で小林の『戦争論』は、ほとんど無自覚な形ではあるが、通俗化されたロマン的「国体論」の現代的なバージョンになっているのである。

このように考えれば、主情的なパトリオティズムとしての審美的な「国体」思想の歴史は、今でもそのアクチュアリティを失ってはいない。

以下ではクロノロジカルには「国体」ナショナリズムの系譜を、一八世紀後半の本居宣長からはじめ、大日本帝国憲法と『教育勅語』というふたつのテキストがあらわれた明治二〇年代を第二の節目として、さらに神がかった「国体」思想が猛威をふるった昭和初期を第三のエポックとする。さらに敗戦を第四の節目とみなし、最後にグローバル化に洗われる現在を最も新しい節目と考えることにしたい。

第二章　「国体」思想のアルケオロジー

1　「日本という内部」の語り

会沢正志斎の『新論』を一読すればわかるように、そこに漲っている心象地理的なイメージは、一言でいえば、「神州」としての「国体」である。そのようなイメージは、言うまでもなく、「西荒《せいこう》の蛮夷、脛足《けいそく》の賤を以て、四海に奔走し、諸国を蹂躙し、眇視跛履《びょうしはり》、敢へて上国を凌駕せんと」（会沢　一九七三、五〇頁）する対外的な脅威によって触発されたものである。その差し迫った危機意識は、パセティックな響きをともないながら次のような悲憤慷慨となって迸っている。

天下の士民は、ただ利のみこれ計り、忠を尽し慮を竭《つく》して以て国家を謀るを肯《がえん》ぜず、怠傲放肆《たいごうほうし》して、以て乃祖《だいそ》を忝《はずか》しめ、君親を遺《わす》るるなり。上下こもごも遺棄《いき》せば、土地人民、何を以てか統一せん、而して国体それ何を以てか維持せん。（同書、六三頁）

この引用の前で「姦民《かんみん》」と「戎狄《じゅうてき》」が並列して脅威の対象となっていることからもわかるように、対外的な脅威によって誘発された「「前期的」ナショナリズム」の奔流は、まだ徳川アンシャンレジームの胎内にとどまっていた。にもかかわらず、「上下こもごも遺棄せば、土地人民、何を以てか統一せん、而して国体それ何を以てか維持せん」という会沢の危機意識のなかには、ハッキリと「国体」という統一体の意識が芽生えている。もっとも、尊王論といっても、その場合の「国体」は、まだ天皇制国家としての明確な輪郭をとっているわけではない。ただ、重要なことは、封建的な割拠性とヒエラルヒーを自明としながらも、それらを包括する統一体として「国体」が意識されていることである。つまり、「最もプリミティヴなナショナリズム」の発露である「海防論」（丸山 一九九九、五八頁）を通じて護られるべき「神州」としての「国体」意識――そこには〈外〉との明確な境界によって区別されるべき独自の政治的な空間が浮上しつつあったのだ。

宣長が最大の「政治的アルケオロジスト」であるのは、そうした地政学的な境界によって画定されるべき「神州」としての「国体」の想像的な空間の誕生に先んじて、いわば「内的境界」によって縁取られる「日本という内部」を民族的な自己同一性の語り（narrative）において言説化したからである。もちろん、宣長の創造（＝想像）した「日本という内部」は、単一の均質的な空間ではありえなかった。それは朱子学イデオロギーとの血みどろの闘争にいろどられた分裂した空間だった。にもかかわらず、宣長の「日本という内部」の自己同一的な語りは、ナショナルな空間の主情的な一体性を先駆的にあらわしていたのである。

宣長に代表される江戸国学について、子安宣邦は、それが「〈日本〉が常に〈日本〉であること、あるいは〈日本人〉がずっと〈日本人〉であることに強いこだわりをもち、この〈日本〉の自己同一性を根拠づけ、その理念の確固とした成立をはかってきた」「〈自己〉言及的言説」にほかならない、と指摘しているが（子安 二〇〇〇、二五二頁）、「事件」としての宣長の意義は、過剰なほどの言語中心主義にあった。つまり、〈日本〉あるいは〈日本人〉の自己同一性の理念は、〈日本語〉の自己同一性の理念を確定し、それを「日本という内部」に接合することで達成される、と考えられたのである。

それでは、宣長はどんなやり方でそれを達成しようとしたのであろうか。それは、『古事記』という漢字エクリチュール（書記言語）で書かれた古典的なテキストを訓読し、そこから日本古代に見いだされる「固有日本語」としての「やまとことば」の原型を抽出することによってである。

「やまとことば」を訓み出す作業が可能なのは、漢字表記の記録が誕生する以前に聖なる「口誦の伝承」があったに違いない、という前提が成り立つ場合に限られている。宣長は、それをいささかも疑うことはなかった。そして子安が言うとおり、『古事記』は宣長にとって「口誦的伝承の言語を損なわない形で表記された、古語に忠実な」特別のテキストだった（同書、二五七頁）。そこから宣長は、そのような口誦の伝承の言語こそが表記文字としての漢字エクリチュールによって汚染されていない純粋な「やまとことば」だとみなしたのである。

この純粋な〈内部〉、口誦的な伝承によって語られる古代日本語に介入する〈外部〉としての漢字は、宣長の訓読の作業のなかで「純粋な表記手段」に貶められている。漢字は今や「仮名」のような表音的な記号とみなされ、それによって表記される「固有言語としてのネイティヴ・ランゲージ」(同書、二五九頁)である「やまとことば」があらかじめ存在していたかのように装われることになるのだ。この点を宣長はこともなげに次のように言い放っている。

> 書紀は、後の代の意をもて、上つ代の事を記し、漢国の言を以て、皇国の意を記されたる故に、あひかなはざること多かるを、此記は、いさゝかもさかしらを加へずて、古へより云ひ伝へたるまゝに記されたれば、その意も事も言も相称《アヒカナ》ひて、皆上つ代の実なり。(『古事記伝』一之巻「古記典等総論」、本居 一九六八、六頁)

ここには小森陽一が指摘している通り、「「言《コトバ》」と「意《ココロ》」と「事《コト》」を、すべて等価につないでしまう三位一体の構図」(小森 二〇〇〇、四頁)が透けてみえるはずである。このような異常なほどに過剰な言語中心主義的な文献学的方法論によって編み出される世界には、「幾重もの転倒」(櫻井 二〇〇〇、一六五頁)、あるいは隠蔽が折り重なっている。書記言語としての漢字(「漢国の言」)に先んじて実在すると想定された「口誦の古語」としての「やまとことば」のオーセンティックな〈声〉の世界——この「音声中心主義」的なポーズは、櫻井の巧みな比喩を使えば、中国や朝鮮半島に通じているような「漂泊芸能民という「本来の」〈声〉の世界」を排除していた。その上で宣長の言説は、一八世紀後半に盛んになる出版資本主義の文字の世界を通じて古代の〈声〉の世界の聖域を寿ぐことができたのである。

宣長の賛美した古代世界は、「もののあはれ」の〈声〉のアルケオロジカルな発見を媒介にして国学的なエクリチュールに甦ったのである。宣長にとって「もののあはれ」の美的な価値基準、その文学的精神こそ、上代の理想的な政治の本質にほかならなかった。「言痛《コチタ》き教えも何もなかりし」「皇国の古へ」は、次のような理想状態であったというのである。

> 皇国は神代より君臣の分早く定まりて、君は本より真に貴し、その貴きは徳によらず、もはら種によれる事にて、下にいかほど徳ある人あれ共、かはる事あたはざれば、万々年の末の代までも、君臣の位動くことなく厳然たり。（『くず花』下つ巻、本居　一九七二a、一五三頁）

しかるに「からざまのさかしら心移りてぞ世人の心あしくな」り、「皇国の御稜威」も衰えてしまったという。宣長のなかで「やまとごころ」や「もののあはれ」の自然的心情の「事実主義」と、「からごころ」の「さかしら」な「規範主義」が二項対立的にセッティングされ、「日本という内部」と「外部」としての中国の対比が鋭く自覚されていることは言うまでもないだろう。

なるほど加藤典洋が注意を促しているように、宣長のおどろおどろしいクセノフォビア的な言葉遣いも、国学が一部の在野の町人階級を基盤にして起こった新しい学問にすぎず、盤石の官学的な正統イデオロギーはあくまでも漢学＝朱子学にあったのであるから、「一九三〇年代の狂信的な国粋主義」（加藤 二〇〇〇、一一〇頁）とはニュアンスも脈絡も全く異なっていたことは確かである。だが宣長において中国と日本の対比が、「種的同一性の概念であるものと、その反対物であるものの対立として、とらえられ」（同書、一一七頁）ていたという加藤の指摘は、宣長の民族的な自己同一性に関する自己言及的な語りが何を隠蔽し、また歪曲していたかをとらえてはいない。なぜなら、「やまとことば」とは、「皇国の五十音」（『玉勝間』二の巻、本居 一九七八、七三頁）のもとで、「無数の音声言語＝俗語の排除の上に成立した、出版資本主義の流通性によって保証されたエクリチュールにほかならない」（櫻井 二〇〇〇、一六五―一六六頁）からである。

それだけにとどまらない。小森が「清朝考証学」と「国学」の方法について詳しく述べているように、宣長が仮構した「漢国」は決して単一の〈外部〉ではなく、むしろ「「中国」を単一なるものとみなしつつ、同時に「中国」なる「外部」とのかかわりを断ち切って、「日本」という「内部」においてのみ「日本語」を語ろうとする「宣長」的戦略こそが、本居宣長自身をめぐる議論を不毛な二項対立へと囲い込んでいたことに、いま自覚的になることが」（小森 二〇〇〇、一七頁）必要なのである。この意味で宣長の自己言及的な、その意味で内と外の〈他者〉を隠蔽、抑圧、あるいは歪曲した「日本という内部」という語りこそ、美的価値の曇りによって失われた「他者感覚」の欠如を物語っていると言うべきではないか。

2　政治と美のデュアリズム

もちろん、儒教の道学的規範に「内面的真情」の美的価値を対峙させた宣長の思想的な冒険は、それ自体、ひとつの巨大な「事件」だった。ここでは丸山の『日本政治思想史研究』や日本政治思想史に関する講義録を手がかりにみてみたい。

本居宣長と荻生徂徠とは朱子学の非人格的な「理」の価値基準性を否定し、「彼岸的な人格に窮極の根拠を置」(丸山　一九九六b、二八〇頁)いた点で共通していた。しかし宣長がラディカルだったのは、「規範を純政治的なものに迄高めて、一切のリゴリズムを排除した」徂徠を超えて、さらに宣長が「一切の規範なき処」に「このみち」を見いだし、「人間自然性」(同書、二八五頁)をより積極的に基礎づけたところにある。

この「人間自然性」、つまり「私的内面性」こそ、「もののあはれ」を貫く「真心」にほかならない。宣長の高度に実証的な文献学的方法は、まさしく「このみち」に通じる「真心」を知る通路を目ざしていた。宣長は言う。

がくもんして道をしらむとならば、まづ漢意をきよくのぞきさるべし、から意の清くのぞこらぬほどは、いかに古書をよみても考へても、古の意はしりがたく、古のこゝろをしらでは、道はしりがたきわざになむ有ける、そもそも道は、もと学問をして知ることにはあらず、生れながらの真心なるぞ、道には有ける、真心とは、よくもあしくも、うまれつきたるまゝの心をいふ。(『玉勝間』一の巻、本居一九七八、二五頁)

宣長にいたって「自然的心情に対する一切の(内的及び外的)規制が斥けられ、環境からの刺激に応じて不断に流動する人間感情」(丸山一九九八b、二一二頁)に忠実な美的態度が、「もののあはれ」として積極的に顕揚されるようになったのである。今や「理」や「太極無極陰陽乾坤八卦五行」は、単なる「漢国人のわたくしの造説《ツクリコト》」(『玉勝間』一の巻、本居一九七八、三二頁)とみなされるようになった。そして、さらに「生れながらの真心」を本性とする「感性的なオプティミズム」が、「文学的精神」(「もののあはれ」)として「政治的＝社会的な性格」を帯びて立ちあらわれるようになる。この逆転を、丸山は次のように解説している。

文学的精神を政治的価値基準から一旦解放しながら、進んで、今度は逆に政治的なものの本質を文学的精神のなかに求めていったものということができる。いまや文学は政治への従属から解放されるにとどまらず、逆に政治をそれに従属させたのである。つま

> り、一旦規範性を掃蕩した内面的心情そのものが、ここに規範化されたわけである。
> （丸山 一九九八b、二二六頁）

ここに「政治の非政治化」あるいは「政治の美学化」が完成された形態をとってあらわれていることは明らかである。歌のこころ、あるいは「もののあはれ」という主情的な美意識の「非政治的態度（unpolitische Haltung）」は、同時に「一切の政治原理を包容する可能性をはらんで」いた（丸山 一九九六b、二九六頁）。

> 道にかなわずとて、世に久しく有ならひつる事を、にはかにやめむとするはわろし、ただそのそこなひのすぢをはぶきさりて、ある物はあるにてさしおきて、まことの道を尋ねべき也、よろづの事を、しひて道のままに直しおこなはむとするは、中々にまことの道のこころにかなはざることあり、万の事は、おこるもほろぶるも、さかりなるもおとろふるも、みな神の御心にしあれば、さらに人の力もて、えうごかすべきわざにはあらず、まことの道をさとりえたらむ人は、おのづから此ことわりはよく明らめしるべき也。（『玉勝間』二の巻、本居 一九七八、五〇―五一頁）

宣長の思想においては、政治は政治として意識される以前に、政治の働きが日常の生活意識の次元でその美意識の内容として受け止められている（橋川 一九八五a、八四頁）。したがって物事の推測改変は、「人智のさかしら」さ以外の何ものでもなかった。このことは、逆に言えば、宣長の「感性的なオプティミズム」が、どんな政治原理をも受動的に受け入れてしまうロマン主義的な「機会原因論的な相対主義」（カール・シュミット）の立場に立っていることを示している。そして、このようなニヒリズムすれすれの機会原因論的な相対主義を掌っているのは、「神の御心」への絶対的な帰依にほかならない。

世の中のありさまは、万事みな善悪の神の御所為なれば、よくなるもあしくなるも、極意のところは、人力の及ぶことに非ず。……たとひ少々国のためにあしきこととても、有来りて改めがたからん事をば、俄にこれを除き改めんとはしたまふまじきなり。（本居 一九七二b、三一九頁）

このような受動的な諦念を含んだ静寂主義的な立場には、確かに橋川が言うとおり、後の日本浪曼派に通じるイロニーがこめられている（橋川 一九八五a、六七頁）。橋川は、宣長が帰依した「神の御心」には一種の「万有在神論《パネンタイスムス》」が揺曳しており、しかもその究極的な根拠が「事跡」のなかにあらわれていると信じられていることに特徴がある、と指摘している。

国学的神学のもっとも著しい特徴は、そのようにある意味では絶対的超越者として考

> えられた創造者としての皇祖神が、その究極の合理的根拠を「事跡」の中にあらわしているということであろう。いいかえれば、人の心の動き（もののあわれ）を含めた経験世界の触目的、感覚的実存の総体が、逆に神々の存在理由を制約していることであろう。換言すれば、儒教的な天理に対する宣長の究極的な反対は、「事の跡につきて」「あたる」か否かを基準としており、いわば発生論と価値論との同一化がその弁神論に実存的に前提されているのである。宣長における theogony と ethnogeny の連続と、他面先に見たような万象を「運転」する神々と人間との断絶という矛盾した契機は、感覚的所与としての現実に対する動的な受容（＝もののあわれ）において統一される。国学思想に流れる機会主義は右のような構造をもつことによって、いわば相対化された歴史的相対主義としてあらわれる。それは、いいかえればあらゆる「進歩」に追随しうる「保守主義」、すべての「反動」に矛盾しない「革新主義」となるのである。（同書、七五―七六頁）

皇祖神の究極的な根拠が、すでに「事跡」のなかにあらわれているという立場こそ、「国体」の縦軸の絶対的な権威としての「皇位」の無窮の連続性にほかならないことは、明治二〇年代以後の近代的な「国体」の成立をみても明らかである。その意味で「国体」は「善悪の彼岸」（ニーチェ）に立っているのであり、その歴史は神々の「事跡」のあらわれとみなされているのである。ここに戦争のような苛烈な現実さえも、「昨日」となり、「思い出」となるとき、それは「神の道の実相感」（保田 二〇〇一、九三頁）として美化されていくのである。それは歴史がその人為性をはぎ取られて〈自然〉に還元されることを意味している。

以上のように宣長の国学が体現していた「汎美主義」は、「万有在神論」的な「神の御心」にその究極的な根拠を置いていたのであり、ここに「政治の非政治化」（逆に言えば「政治の美学化」）は、ひとつの完成された形態をみたのである。

だが同時にこの「政治の非政治化」は、まさしく激情的なファナティズムを介して「オール政治化」に反転する可能性を秘めていた。それは官能的自然の解放が、一挙的に「汎政治主義」へと変身する瞬間だった。それが平田篤胤にラディカルに顕在化してくるさまを丸山は次のように描いている。「篤胤のナショナリズムは、対内的より、対外的に、激越かつ妄想的な（激情的な、それだけに計画性のない、空想的）攘夷論として現われているのである。それこそは個人の衝動的官能的爆発が直接的に、国家的なものへと自己を投影した結果なのである」（丸山 一九九八b、二三三頁）。

神州は太陽の出づる所、元気の始まる所にして、天日之嗣《てんじつのし》〔天皇〕、世宸極《よよしんきょく》〔皇位〕を御し、終古易《かわ》らず。固《もと》より大地の元首にして、万国の綱紀なり。誠によろしく宇内《うだい》に照臨し、皇化の曁《およ》ぶ所、遠邇《えんじ》〔遠近〕あることなかるべし。（会沢 一九七三、五〇頁）

この会沢の『新論』冒頭の超国家主義的な皇国意識は、「戎狄覬覦《じゅうてききゆ》」（同書、五一頁）する切迫した状況で発露された危機意識の反動だった。しかし、それはやがて異なる歴史的な脈絡のなかで植民地帝国から一九三〇年代の超国家主義の「八紘一宇」や「大東亜共栄圏」、「皇道の宣布」といった叫喚的な膨張主義のスローガンに繋がっていったのである。

3　繰り返される伝統＝自然への回帰

ところで、後述するとおり、宣長の「もののあはれ」の核心にある主情的な「真心」論は、後の『軍人勅諭』をはじめとするテキストのなかに蘇生し、「国体」としての近代を支えるエートスのひとつになっていくのであるが、宣長のナショナルな自己同一性を確定しようとする自己言及的な語りは、今でも日本の言説空間のなかで、様々な変奏曲を奏でつつ、息を吹き返している。

例えば、太平洋戦争勃発直後の『文學界』の「近代の超克」をめぐる議論をリードした文芸評論家の小林秀雄は、晩年の大著『本居宣長』の『補記』のなかで宣長の「日本」、「日本人」の自己同一性の理念をなぞるように次のように述べている。

未だ文字さへ知らず、たゞ「伝説《ツタヘゴト》」を語り伝へてゐた上ッ代に於いて、国語は言語組織として、既に完成してゐたといふ宣長の明瞭な考へを語つてゐる。……言霊の自己形成の働きは、「言霊のさきはふ国、たすくる国」と言はれてゐたやうな環境では、別して、己の姿を省みる必要も感じてゐなかつた。長い間、口誦のうちに生きて来た古語が、それで済まして来たところへ、漢字の渡来といふ思ひも掛けぬ事件が出来した。言はば、この突然現れた環境の抵抗に、どう処したらいゝかといふ問題に直面し、古語は、初めて己の「ふり」をはつきり意識する道を歩き出したのである。私達は、漢字漢文を訓読といふ放れわざで受け止め、鋭敏執拗な長い戦ひの末、遂にこれを自国語のうちに消化して了つた。漢字漢文に対し、このやうな事を行つた国民は、何処にもなかつた。この全く独特な、異様と言つていゝ言語経験が、私達の文化の基底に存し、文化の性質を根本から規定してゐたといふ事を、宣長ほど鋭敏に洞察してゐた学者は、他の誰もゐなかつたのである。(小林秀雄 一九八二、三〇—三一頁)

明らかに小林は、口誦のうちに生きていたとされる「古語」=「固有日本語」としての「やまとことば」がすでに言語組織として完成され、国語の祖型をなしていた、と一点の曇りもなく信じて疑っていない。いやそれどころか、そうした国語としての日本語の自己同一性の理念を確立した言語経験の歴史こそが、日本文化の独自性とアイデンティティの根拠とみなされているのである。

このいわば文化的な「国体」論を確固とした拠り所にして、小林は「国語といふ巨大な母胎の仮定」について語っている。

言葉の発生を、音声の抑揚といふ肉体の動きに見てゐた宣長としては、私達に言語が与へられてゐるのは、私達に肉体が与へられてゐるのと同じ事実と考へてよかつたのであり、己の肉体でありながら、己の意のまゝにはならないやうに、純粋な表現活動としての言霊の働きを、宰領してゐながら、先方に操られてもゐる。誰もやつてゐる事だ。(同書、九四頁)

このような言語が与えられていることと、肉体があたえられていることとは同じであり、その意のままにならない言語=肉体にくるまれて心が語られる経験、これこそが「この上なく親身な、たった一つの言語経験の表裏」(同頁)だと小林は言う。このことは何を物語っているのだろうか。

一人の生身の人間がふたつの肉体をもつことが不可能なように、言語と心の表現活動とはぴったりひとつに同一化していなければならず、言語すなわちナショナリティの非‐同一律は、すでに国語としての日本語にはなから存在する余地はありえない、と仮定されているのである。だからこそ、小林は、そうした言葉を宰領しているようで、実際にはままならない言語=肉体によって操られているという「言語表現上の現実の不思議を保証しているものは何か、と問うて、それをこともなげに「誰もが信じている国語といふ巨大な母胎の仮定は必至のものだ」(同書、九五頁)と断言してはばからない。小林に言わせれば、「日本人」であるということは、「国語といふ巨大な母胎」にくるまれ、それによってはじめて自らの心の自己表現を達成できることを意味している。ここに「国語」という言語組織の作為性はかき消されてそれは選択不可能な、いわば自然必然としてすでに与えられていることになる。

このような「国語」としての日本語の自己同一性を自然に還元してしまう小林の議論は、小森が自らの言語体験を通じて吐露しているように、「複数の言語をごくあたりまえのこととして操らざるをえなかった者」（小森 二〇〇〇、一頁）をはじき出してしまわざるをえないはずだ。そして植民地下で、さらにはポストコロニアルの日本で「国語の時間」を生きざるをえなかった「半島＝日本人」とその末裔にとって、日本語の自己同一化への無限運動としての「修行」がどれほどの内面性の破壊を伴っていたかは、太平洋戦争勃発の直前、文学者「香山光郎」こと李光洙が小林に宛てた文章に赤裸に表白されている。

旧韓国人であった朝鮮人が、日本人になるには大なる修行が必要であることを痛感しました。たんに法的の日本臣民であるばかりでなく、魂の底から、日本人になり切るには、並大抵の修行ではありませぬ。……この日本人修行運動は、決して政治的な、または、ためにすることとあってのものではありませぬ。彼らは第一に、日本の大きさと美しさと、そしてありがたさを認識したのです。そして、第二には、朝鮮人を、日本人にまで引上げることの他に、朝鮮人の生路はないものと看破したのです。それから第三に、朝鮮人は日本人になりうると信ずるようになったのです。そこで彼らは、自身まず日本人になる修行をすることに決心したわけです。……彼らは今、この修行をしているのです。それこそ真剣に、それこそ死物ぐるいで、日夜この修行をしているのです。（香山一九四一。橋川 一九八五d、一一六―一一七頁）

この「悲惨な記録」の名宛人となった小林秀雄は、満州事変からほどなく経ってエッセイ「故郷を失つた文学」（一九三三年）のなかで「私達は生まれた国の性格的なものを失ひ個性的なものを失ひ、もうこれ以上何を奪われる心配があろう」と半ばさばさばしたように「故郷喪失」の感情を吐き出し、「確乎たる環境が齎す確乎たる印象の数々が、つもりつもつて作りあげた思ひ出を持つた人でなければ、故郷といふ言葉の孕む健康な感動はわからないのであらう」（小林秀雄 一九七八、三二頁）と言い放っている。「確乎たる環境」のなかで確かな印象の数々とともに積み上げられていく「思ひ出」――それはまさしく「伝統」という名の「自然」以外の何ものでもないだろう。その伝統とは、先の小林の言葉を使えば、「日本人」の自己同一性をあらためて確認させてくれる「巨大な母胎」のようなものだろう。だから小林は、このエッセイを、「歴史はいつも否応なく伝統を壊す様に働く。個人はつねに否応なく伝統のほんとうの発見に近づくように成熟する」と締めくくったのである。

小林の〈国体〉という伝統への回帰は明らかだった。

第三章　「国体」の近代

1　作為的〈自然〉としての「国体」

ナショナリズムの濫觴《らんしょう》とともに浮上してきた「国体」言説は、宣長にみられたように、古代神話のアルケオロジカルな発見を介してナショナルな自己同一性を確認しようとする自己言及的な物語だった。その審美的な「真心」は、後に神々の後裔としての天皇の心に一体化しようとする激越な「恋闕《れんけつ》」の心情となって噴出し（例えば平田篤胤）、幕末期の在郷的中間知識人たちの心を捉えることになる。その典型のひとりであった藤村の父・島崎政樹をモデルにした『夜明け前』は、木曾馬籠宿の本陣、問屋、庄屋をかねる旧家一七代の当主青山半蔵を次のように描いている。

「自分は独学で、そして固陋だ。もとよりこんな山の中にいて見聞も寡い。どうかして自分のようなものでも、もっと学びたい」と半蔵は考え考えした。古い青山のような家に生れた半蔵は、この師に導かれて、国学に心を傾けるようになって行った。二十三歳を迎えたころの彼は、言葉の世界に見つけた学問のよろこびを通して、賀茂真淵、本居宣長、平田篤胤などの諸先輩がのこして置いて行った大きな仕事を想像するような若者であった。黒船は、実に半蔵の前にあらわれて来たのである。（島崎　一九六九、四七頁）

青山半蔵たちが託した天皇への激しい翹望《ぎようぼう》にもかかわらず、明治国家の誕生は彼らの心情的なナショナリズムを踏みにじるような幻滅と挫折に終わった（橋川　一九六八、一〇九頁）。それは、宣長が描いたような古代世界のユートピアニズムとはかけ離れた天皇制官僚＝統治集団の支配に帰してしまったからである。そして、その鬱屈した挫折の体験は、やがて日清・日露の戦勝とともに国家の対外膨張のなかにその捌け口を見いだしていくことになる。

この青山半蔵に彫琢されたような在郷的知識人を中間に据えて、その両極に例えばW・E・グリフィスの『明治日本体験記』（グリフィス　一九八四）が賞嘆の念をにじませて紹介している福井藩の武士たちの社会意識と、石牟礼道子による西南戦争の時代を生きた老農婦の聞き書き（「乙姫さんと三日月と」）を配してみれば、「国体」の近代の前夜がどんな社会的な布置によって彩られていたかがよくわかるはずである。

副田義也はグリフィスの例と石牟礼の聞き書きの例を対極に据えて、ナショナリズムの近代が何を最大の課題とせざるをえなかったかを示唆している。

　幕末から明治の初期にかけて、日本に住む人びとには二つの種類があった。すなわち、政治的忠誠心をもつ人びととそれをもちあわせぬ人びとである。グリフィスと石牟礼は、それぞれの典型例の描写をひとつずつ提出している。二つの種類の人びとのあいだの距離は大きく、政治的忠誠にかんしては統一的な日本人、日本国民はまだ存在しなかった。そのような実状を認識して、統一的な国民を創出するべきであるという見解は、政治的指導層の各方面にみられた。（副田 一九九七、一〇頁）

「ふたつの種類の日本人」を媒介するヘゲモニーを担うはずだった青山半蔵たちは挫折の憂き目にあい、アンシャンレジームの支配集団は廃藩置県や秩禄処分で零落を余儀なくされながらも福井藩の例にあるようにその忠誠対象を藩主から天皇へと切り替えようとしていた。そして西南戦争のさなかで逃げまどう熊本城下の一農婦にとっては戦闘も政治的忠誠も狂気の沙汰にしか実感されていなかった。「日本人」としての国民《ネイション》はどこにもなかったのである。ここでは先に紹介したようなイタリア統一後の最大の問題、つまり「イタリアはつくられた、これからはイタリア人をつくらねばならない」という統一的な国民《ネイション》創出の課題とほぼ同じような難問が突きつけられていたのである。この点を福澤諭吉は「日本にはただ政府ありて未だ国民あらずと言うも可なり」（福澤 一九七八、四一頁）と喝破したが、日本における国民《ネイション》の創出は、イタリアの場合と同じように、単なる外的な機構やコンスティテューションの近代化にはとどまりえなかった。それは、同時に「知的道徳的改革」(エルネスト・ルナン、アントニオ・グラムシ)のフィルターをくぐり抜けなければならなかったのである。「国体」の近代は、まさしくこれに応えるものであった。それは、大日本帝国憲法というコンスティテューションと『教育勅語』、さらには『軍人勅諭』などのテキストを通じて完成の域に到達することになる。臣民としての国民の創出、これが「国体」の近代を貫く赤い糸であり、大日本帝国憲法と『教育勅語』のテキストは、それを制度として、そしてそれを支える「精神」として明文化されたものにほかならない。

臣民という新しい社会的なカテゴリーの創造は、「臣」と「民」の階級的・身分的な格差を社会的に水準化《グライシャルトウンク》し、すべての権力を国家の一点に向けて凝集させることを意味していた。その場合、国家という非人格的な組織ではなく、天皇という超越的な人格への「帰一」によって権力の一元化がはかられたのである。つまり、「一君万民」の実現によって天皇の前ではすべての臣民の平等がかなえられる、というフィクションが成り立つことになったのだ。もちろん、それは華族・士族・平民・新平民という差別の体系を温存したままだった。にもかかわらず、そうした臣民としての国民の誕生は、明らかに日本における近代の決定的なはじまりを告げるものだった。「国体」は、単なる古色蒼然の「復古」としてではなく、近代的な憲法・政治学のタームで縁取られることになったのである。

このきわどい作業の最大の「功労者」は、言うまでもなく伊藤博文だった。明治一四年の政変まで「日本近代化の先頭に立っていた」（丸山　一九九五d、六四頁）明治政府の最大の実力者であった伊藤が最も腐心したのは、幕藩体制解体後に出現した「恐るべき政治的原始状態」（自由民権運動！）を掣肘する制度的保障として国権の強化・拡大をつくり出すことだったが、同時に「国民的統合の創出」こそが最も枢要な課題として意識されていた。それは、いかにして「国家の機軸」を創造し、それを求心力として国民を創出するのか、という問題だった。

伊藤は明らかに国民の創出が単なる郷土愛《パトリオティズム》や伝統的な習俗、宗教心の同心円的な拡大によってかなえられるとは全く考えていなかった。国家的秩序は、「自然に成長するものではなく、政治的作為によって創出される」（橋川　一九八五d、一一一頁）と考えていたからである。つまり、伊藤は、橋川が言うように、「自然的存在としての国体から憲法を作ろうとしたのではなく、むしろ国体の憲法を作ろうとした」（同書、一一〇頁）のであり、逆に言えば、伊藤にとって「政治的実体性を欠如した伝統はほとんど無意味なもの」だったのである。したがって、「国家の機軸」となるのは、「自然的・伝統的天皇」とは異なる「超越的統治権者」としての天皇の創出でなければならなかった。ここに政治的作為としての近代に対する伊藤の鋭敏な自覚があったことは間違いない。しかし、それは同時に「国体の憲法」のアポリアの露呈を意味していた。すなわち、憲法の〈外〉にあってそれを最終的に根拠づける絶対的な存在としての天皇と、憲法体系の制約を受け、いわばその〈内部〉に組み込まれる立憲君主としての天皇、この矛盾が、否応なく憲法の、したがって「国体」のきしみとなって露見されかねなかったのである。

後にみるように、「大日本帝国ハ万世一系ノ天皇之ヲ統治ス」と定めた大日本帝国憲法第一条は、「国体論」の天皇絶対性をあらわしている。しかし、他方では第四条（「天皇ハ国ノ元首ニシテ統治権ヲ総攬シ此ノ憲法ノ条規ニ依リ之ヲ行フ」）や、第五五条（「国務各大臣ハ天皇ヲ輔弼シ其ノ責ニ任ス」）などに規定されている通り、立憲君主としての天皇は、憲法と議会・政府によって制約された存在でもある。後者としてみる限り、天皇は憲法の〈内部〉に封じ込められた立憲君主であり、国家の最高機関として位置づけられうるはずだ。ゲオルク・イェリネック流の国家法人格説に立って天皇を国家の最高機関とみなした後の美濃部達吉の「天皇機関説」は、その延長線上に展開されていた。だが、前者としての天皇は、明らかに憲法の〈外部〉に屹立する絶対者である。しかもその絶対性は、王権神授説的なアブソリューティズムとは違った、むしろ「神としての神聖祭祀王」を示しているのである。この「矛盾」を整合的な解釈システムとして確立するための意匠こそ、「現人神」としての天皇にほかならない。八木公生は、この点を次のように要約している。「「明治憲法」のなかで、〈神〉としての神聖祭祀王と〈王〉としての政治権力の主体性が、〈現人神〉という思想的な意匠に統一され完成する」（八木 二〇〇一a、一八頁）ことになった、と。言い換えれば、「憲法／（教育）勅語」体系としての「国体」の近代には、立憲君主主義を規定した憲法の近代性と、その当の憲法の規定に含まれる「万世一系」や『教育勅語』で謳われている「皇運」などの字句が喚起する神話性とが重畳化されていたわけだ。そして、この重層性を一元化する存在こそが、「現人神」としての天皇だった。あるいは具体的な天皇というペルゾーンがそのまま「現人神」になるというより、むしろ「皇位」の連綿とした無窮性がそうした具体的な人格を「現人神」として顕在化させると言った方がより正確だろう。

ここにいたって、憲法は、国家権力を制約する立憲主義的なテキストという性格から抜け出して、いわば「「祖宗の遺訓」、先祖たちから残された教え」（副田　一九九七、五六頁）として位置づけられることで、「現人神」としての天皇の絶対性を告げる「聖典」となったのである。伊藤の構想した「「国体」の憲法」は、その帰結において「現人神」としての天皇に収斂したことになる。それは、皇祖神の究極的な根拠が、すでに「事跡」のなかにあらわれているとみなした宣長的な「随神」の世界に通じているのである。その限りで「「国体」の憲法」の作為的な近代性は、限りなく〈自然〉の姿態をまとって立ち現れるようになったことになる。それは、いわば「作為的〈自然〉」としての「国体」の確立を意味していた。

2　「ココロ主義」と「天皇の軍隊」

「憲法／（教育）勅語」体系としての「国体」のコンスティテューションは、作為的な制度としての天皇を常に自然的な所産として表象させる仕掛けだった。

この点で重要なのは、『教育勅語』との関連で「国体」の近代を支えるテキストになった『軍人勅諭』である。それは、天皇親率による「天皇の軍隊」の確立にとって決定的な意味をもっていた。

『軍人勅諭』は、明治一五年の政治事始めの日に、天皇が直接、陸軍卿・大山巌に勅諭を賜わる、という異例ずくめの形で頒布された勅諭である。また下賜の形式にしても、天皇自身の署名で直接陸海軍卿を宮中に召して渡されるという異例の形をとった。それは、「天皇が陸海軍を親率し、軍隊は天皇の軍隊であることを示す」(「『軍人勅諭』解題」一七二―一七三頁)確固とした強い意志を表すものだった。このような天皇自身の「諭し」という重大な形式をとったのは、直接的には、前年の明治一四年の開拓使官有物払下事件について直属の中央軍から反政府的な上奏がなされ、「人ノ幼稺《ようち》ノ時」(西 一九八九、一五六頁)にやっと達した段階の陸軍内部に亀裂が生じかねない瀬戸際に立たされていたからである。ここに『軍人勅諭』が時事的な訓戒の形式をとった理由がある。

しかし『軍人勅諭』がその後、金科玉条とされるとともに暗唱が強制され、『教育勅語』と同じようにその印刷本の神格化、聖典化が進んでいったのは、すでに触れたような主情主義的な「ココロ主義」が『軍人勅諭』のライトモティーフになっていたからである。それは、「兵馬の大権」を統率する「大元帥」にして絶対的な「倫理的主体」である天皇との一体化をめざす欲望を個々の軍人に再生産し、自覚させる言説の装置であり、いわば「国体」の「精神」を意味していた。

『軍人勅諭』の「ココロ主義」を理解する上で、その有力な起草者のひとりとみなされている西周の講演「兵家徳行」と、同じく西によって起草され、陸軍の最高指導者であった山県有朋の名で印刷配布された「軍人訓戒」が見逃せない。ふたつのテキストには、『軍人勅諭』の基本的なモティーフとメッセージの骨子がほぼ出揃っているからである。「兵家徳行」は、西が陸軍省四等出仕、参謀局第三課長兼第一局第六課長となった明治一一年、陸軍将校の研究、親睦のために設立された皆行社で行った講演である。講演のなかで西が触れている通り、その一年前は、最大の「内戦」であった「西南騒擾」(西南戦争)が鎮圧された年でもあった。その硝煙さめやらぬ明治一一年、「西南騒擾」で勇猛をはせた天皇直属の少数精鋭である近衛兵のなかから騒擾がおきるという、軍部にとっても政府にとっても動転の事件(「竹橋事件」)が発生し、「国家(=国体)の干城」(山県 一九八九、一六三頁)ともいうべき「皇軍」とは何か、軍人はどうあるべきなのかという根本的な問題が問われていたのである。「兵家徳行」は時期的には竹橋事件のほぼ半年前の講演だったが、そうした根本問題との取り組みという点では際だっていた。

幕府派遣留学生の経歴をもち、新政府で洋式兵制の導入に功労のあった西は、ビューロクラシーに編入された「制度的知識人」であるとともに、傑出した啓蒙的な洋学者でもあった。その西が「徳行」で言おうとした眼目は、要するに「節制ノ法」と「徳行ノ法」が「車ノ両輪、鳥ノ両翼」となってはじめて「我日本陸軍ノ兵強ヲ四隣ニ称スル」(西 一九八九、一五二頁)ことができる、というものだった。

西洋式兵制と兵法に通暁していた西は、その本質が「器械仕掛」(メカニズム)の精巧さと「節制ノ精密」(規則と操錬)にあることを知悉していた。西のみるところ、「本邦ノ陸軍」は、このふたつの目的をほぼ達成しつつあった。後者、すなわち規則と操錬を中心とする「節制」は、ミシェル・フーコーの言葉を使えば、身体に照準してその挙動、動作の微細を管理する規律＝訓練権力の「エコノミー」(＝節制)を指していると言って間違いないだろう。西に言わせれば、「彼節制ノ兵タルヲ以テ、事ゴトニ皆法則アレバ、兵家ノ徳行ハ入用ナラズ」と言えるかといえば、決してそうではない。先に述べたように、両者は「車ノ両輪」でなければならないのだ。

この点を踏まえて西は、「独リ節制ノミナラズ、兵家ノ徳行以テ衆心ヲ維持シ、能ク衆力ヲ合シテ強勢ヲ発セシムル」ことが肝要だと説いている。中央軍事力が、「藩兵から親兵を調達」するのではなく、「農民、郷士、その他の脱藩浪士からなる、いわゆる草莽の士」(由井 一九八九、四二四頁)から構成され、薩軍の「賊徒」から「百姓兵」と侮られた官軍が勝利を収めたのは、まさしく徴兵制の成果だった。それは「器械仕掛」と「節制」の賜物だったのである。しかし西は、依然としてまだ「軍人社会」にふさわしい「衆人」の「ココロ」にその行儀・言語動作を方向づけるものが欠如している、と考えていた。その要諦となるのは「オベケアンス(obéissance)」、つまり「従命法」と、それと裏表になっている「率先ノ徳行」だった。西は、『教育勅語』とは違って、「平常社会」と区別される「軍人社会」に固有の徳行を想定していたことがわかる。両者を分かつのは、後者が「イエラルシー・ミリテイル」、すなわち「官階等級ノ差別」のある「軍秩ノ制」を設けているからであり、そこでは「服従」こそが最も緊要な徳行にほかならない、というわけである。

「兵家徳行」は、こうした「軍人社会」の徳行を説き、さらに進んでそうした徳行を育む「日本に固有な」「風尚習俗」を提示しようとする。「風尚」とは、「気風ノ中ニ存スル」「無形ノモノ」であり、その「伝習」は、「学術」（＝「文明開化」）のように「西洋諸国ニ模擬スル」（西　一九八九、一五六―一五七頁）ものではないという。それは、「日本固有ノ性習ニ基ヅ」かなければならないのである。

ここには明らかに「西洋」という他者を受け入れることで「日本」というナショナルな領域の〈内部〉とその自己同一性が浮上してくる、あの宣長の自己言及的な語りと同じ構造が繰り返されていることがわかる。西はまさに「国学ノ大先生」＝本居宣長の自画像の讃「敷島ノ大和心ヲ人問ハバ朝日ニ匂フ山桜花」を、「本邦人性習ノ印記」として賞賛し、「忠良易直」をもって「我日本同胞ノ性習ナラメ」と断言しているのだ（同書、一五八―一五九頁）。

こうした審美化された主情的な内面性を「日本人」（＝「臣民」）のナショナルな自己同一性の根拠に置き、それを軍人精神の基礎にしようとしたところに「兵家徳行」の特徴が窺える。それは、「ココロ主義」と言い換えてもいいだろう。そして、この「ココロ主義」こそ、『軍人勅諭』に流れる通奏低音にほかならないのである。

「軍人訓戒」は、「兵家徳行」の主張を踏まえるかのように、軍における「規則操法」を「外軀骨肉」に喩え、その「精神」を「外軀」を活用する「脳髄神経」として重視する（山県　一九八九、一六三頁）。その上で、軍人精神を維持する「三大元行」として「忠実勇敢服従」を挙げている。明らかに「軍人訓戒」は「兵家徳行」から「服従」と「忠実」を継承し、それに「勇敢」を加えて「三約束」としたわけである。

ただし、「精神維持ノ方法」といっても、それはとどのつまり、「各自軍人ノ心術ニ存スル」ほかはなく、可視的な「成形」としてハッキリと確認できるわけではない。おそらくは、ここに「兵家徳行」や「軍人訓戒」、さらに『軍人勅諭』が場合によっては空虚な「論し」に堕する危険性があった。そして、まさしく無形の、目に見えない、捉え所のない「ココロ」を問題にするが故に、『軍人勅諭』に見られるように、宣長的な「真心」が繰り返し語られざるをえないのである。実際、「軍人訓戒」は言う。「内ニ誠アレバ必ラズ外ニ顕ハルノ理」(同書、一六五—一六六頁)がある、と。

この「ココロ主義」は、『軍人勅諭』の主旋律をなしており、そこでは「誠心《まごころ》」こそがすべての軍人精神の究極的な拠り所でなければならないと説かれている。つまり、「忠節」、「礼儀」、「武勇」、「信義」、「質素」といった軍人の徳行の実践は、「一つの誠心《まごころ》」なしにはお飾りにすぎなくなる、と言うのである。

　抑《そもそも》此五ヶ条は我軍人の精神にして、一つの誠心は又五ヶ条の精神なり。心誠ならざれば、如何なる嘉言も善行も、皆うはべの装飾にて、何の用にかは立つべき。心だに誠あれば、何事も成るものぞかし。(『軍人勅諭』一七六頁)

「誠心」が宣長の「真心」論を踏襲していることは明らかである。宣長にとって「真心」の道とは、「善悪《ヨシアシ》き御《ミ》うへの論《アゲツラ》ひをすてて、ひたぶる畏《カシコ》み敬ひ奉仕《マツロウ》」(『古事記伝』一之巻「直毘霊」、本居 一九六八、五六頁)ことだった。そして、この「真心」を通じて「ひたぶるに大命を畏み敬ひまつろふ」とき、「言痛き教え」など一切ない「皇国の古へ」の理想状態が現れてくるのである。

『軍人勅諭』は、宣長の「随神」の世界を彷彿とさせるように、次のような結びで終わっている。

> 汝等軍人能く朕が訓《をしへ》に遵《したが》ひて、此道を守り行ひ、国に報ゆるの努めを尽さば、日本国の蒼生《さうせい》挙りて之を悦《よろこ》びなん。朕一人の懌《よろこび》のみならんや。(『軍人勅諭』一七六頁)

すでに述べたように、宣長の「真心」は、一切の「さかしら」な「強事」を捨てて、「このみち」につくことを意味していた。そして「このみち」は、すでに神の「事跡」のなかにあらわれていたのであり、「高御座」(=「皇位」)の究極的な根拠もそこにあったのである。『軍人勅諭』もまた、その「事跡」を振り返る形で確認するところから始まっている。それは、八木公生が指摘しているように、巡行する明治天皇の裏に「〈東遷(東征)〉する神武天皇がすえられていた」という場合の、その「〈神武東遷(東征)〉の神話にもとづく〈神聖祭祀王〉にして〈武人天皇〉像が定位されていた」(八木 二〇〇一a、一六一—一六二頁)のであり、さらに『軍人勅諭』は、こうした「〈神聖祭祀王〉としての天皇」と「〈倫理的主体〉としての天皇」、つまり倫理的に絶対の無謬性を本質とする天皇を結びつけているのである（同書、一七八頁）。

> 我国の軍隊は、世々天皇の統率し給ふ所にぞある。昔神武天皇躬《み》づから大伴物部の兵《つはもの》どもを率い、中国《なかつくに》のまつろはぬものどもを討ち平げ給ひ、高御座《たかみくら》に即かせられて、天下しろしめし給ひしより、二千五百有余年を経ぬ。（『軍人勅諭』一七二―一七三頁）

この「朕」という一人称から「汝等」という二人称に向かって呼びかけられる言葉は、「〈神武東遷（東征）〉の神話」からはじまる「事跡」を想起させることを意図している。そして「兵馬の大権」を「朕が統ぶる」ことが古からの制度であり、「天皇が、軍の組織の〈外部〉に、軍人精神の無謬の規範そのものとして位置する」（八木二〇〇一a、一七三頁）ことが宣示されているのである。

こうして、小森陽一が言うとおり、『軍人勅諭』というテキストを音声で再現して暗唱することで、「皇軍」兵士たちは、「自らの声の中に、自分に呼びかけてくる「朕」という主体を招き入れ、その「朕」の発する言葉をとおして、自らの身体を天皇の軍隊における「軍人」の身体へと組織していくのである」（小森二〇〇〇、七四頁）。「真心」の主情的な情念が絶対的な倫理的主体としての天皇の無謬性と結びつくとき、丸山眞男が「超国家主義の論理と心理」で犀利に分析した通り、逆説的にも「皇軍」内部の論理的な空洞化が進行していかざるをえなかった。そして軍令・法は、そうした無謬たる天皇＝国体から流出する限り、その「内容的（「形式的」ではない！）正当性に基礎づけることによっていかなる精神領域にも自在に浸透」（丸山 一九九五c、二二頁）することになったのである。こうして無謬なる規範としての天皇によって究極的に根拠づけられる「国体」は、「本質的に悪を為し能わざるが故に、いかなる暴虐なる振舞い、いかなる背信的行動も許容される」（同書、二五頁）ことになる。

このようにみれば、『軍人勅諭』の「ココロ主義」が『教育勅語』に謳われた「一旦緩急アレハ義勇公ニ奉シ以テ天壌無窮ノ皇運ヲ扶翼スヘシ」に展開するとき、後の熱狂的なナショナリズムのウルトラ化は、すでに「国体」の近代のなかに胚胎していた、と言うべきである。

3　「憲法／（教育）勅語」体系としての「国体」

『軍人勅諭』は「神武東遷」から始まる天皇の「事跡」を振り返りつつ、「兵馬の大権」を統べる天皇を軍の〈外部〉に無謬の規範として定位する政治的なテキストだった。

『軍人勅諭』が渙発されたのと同じ明治一五年、伊藤博文は、「欧州各立憲君主国ノ憲法ニ就キ、其淵源ヲ尋ネ、其沿革ヲ考エ、其現行ノ実況ヲ視、利害得失ノ在ル所ヲ研究スヘキ」ために欧州に出発した。伊藤の「皇室ノ基礎ヲ固定シ大権ヲ不墜ノ大眼目」（一八月一一日付岩倉宛伊藤書簡」、江村 一九八九、四八五頁）の内容は、岩倉具視宛の伊藤未発の手紙（八月九日付）のなかによく現れている。そのなかで伊藤は、「英仏独三カ国ノ国体及ビ其国ノ学師等」に関するオーストリアの国法学者「スタイニン」（ローレンツ・フォン・シュタイン）の主説を引きながら、「三国何《いず》レモ議政体ナレドモ、其精神大ニ異ナル」ことに注意を促している。三ヵ国を比較考量した上で、伊藤は「邦国」がどうあるべきか、その眼目を次のように要約している。

邦国ハ乃《すなわ》チ君主ニシテ、君主乃チ邦国ト云モ可ナリ。然レドモ擅政《せんせい》ト異ナル者アリ、立憲君主ノ国ニ在テハ立法ノ組織〈即議院ナリ〉行政ノ組織〈即各宰相ノ共同ナリ〉及ビ百般ノ政治皆ナ一定ノ組織紀律ニ随テ運用スル、是ナリ。（江村 一九八九、四八六頁）

「「国体」の憲法」を目指した伊藤にとって、「国体」の近代は、文字通りそれにふさわしく「擅政」、つまり「専制君主」ではなく、「立憲君主」によって統治される国家でなければならなかった。ここに「開明的な近代主義者」としての伊藤の面目があらわれている。しかしそうした君主が同時に「邦国」、すなわち「国体」であるというのはどういうことなのか。一方では憲法の〈内部〉に封じ込められ、憲法に随って統治する立憲君主としての天皇がおり、他方では憲法の〈外部〉にあってその拠り所となり、「国体」そのものである天皇がいるのだ。この両義性を一元化する離れ業こそ、「現人神」としての天皇にほかならないことはすでに触れた通りである。

大日本帝国憲法の第一条「大日本帝国ハ万世一系ノ天皇之ヲ統治ス」は、「現人神」としての天皇が「万世一系」の神話によって裏づけられていることを示している。より正確に言えば、天皇の神格化は、そうした「万世一系」に連なる無窮の「皇統」あるいは「皇位」によってはじめて可能になるとされているのである。そして「神聖ニシテ侵スヘカラ」（第三条）ざるのは天皇個人というよりも、むしろ「万世一系ノ帝位」そのものと言った方がいいだろう。だからこそ、憲法の前文は、その冒頭でこれまた「朕」という一人称の語りを通じて、「神武創業」以来の諸天皇の「事跡」の上に明治天皇の「帝位」があることを示し、さらに「大憲ヲ制定」することではじめて「国家統治ノ大権」が現実化することを示しているのである。「万世一系ノ帝位」（あるいは「天壌無窮の皇統」）に内在している価値――「祖宗ノ恵撫滋養」と臣民の「翼賛」は、そのような「国家統治ノ大権」を通じて潜在的なものにとどまらず、顕在的なものとなってあらわされるのだ。

このような「現人神」が「大日本帝国」を「統治ス」ということについて、八木公生は、島善高の「シラス」論（島 一九九二）を念頭に、それを和辻哲郎の「「祀る神」としての天皇論」（和辻 一九六二a）と結びつけて解説している。

「シラス」は、「領す」あるいは英語の“occupy”や“govern”に相当する「ウシハク」と対概念をなし、その含意は「心によって対象を知る」、「心による支配」、「心にかけて世話してやる」、「君徳のはたらき」ということにあるという。井上毅の言葉を借りれば、「御国の天日嗣の大御業の源は皇祖の御心の鏡もて天か下の民草をしろしめすという」（井上　一九六九、六四四頁。副田　一九九七、六五頁も参照）ことにあるのだ。そのような天皇の「統治」が「シラス」という構造をとりうるのは、八木によれば、和辻が指摘したように日本における「尊貴性は常に背後から与えられ」、「しかもその背後には究極的な神があるわけではな」く、「背後の無限に深い者の媒介者としてのみ、神々は神々になる」（和辻　一九六二a、六三頁）からである。「祀る神」としての天皇は、まさしくそうした「背後の無限に深い者の媒介者」あるいは「無限に深い神秘の発現しきたる通路として」、神聖性を帯びるのである（八木　二〇〇一a、二四八頁）。「現人神」としての天皇とは、こうした神聖性のことにほかならないのだ。つまり、「存在性が祭儀の時空のなかで変質」し、「神々を「祀る」行為を通して、その身のまま「祀られる神」へと高まってゆく」（同書、二五二―二五三頁）とみなされているのである。

こうして、八木によれば、大日本帝国は「立憲君主国ならぬ立憲神主国家」（同書、二五七頁）だったのであり、「国体」としての大日本帝国全体が「天皇を唯一の祀り主とするところの、ひとつの均質な祭儀の時空でなくては成り立たない統治形態」（八木　二〇〇一b、二八八頁）だったことになる。

こうした解釈は、確かに「憲法／（教育）勅語」体系としての「国体」の性格を考える上できわめてユニークである。しかし和辻や八木たちが見落としているのは、「祀り」、「祀られる」究極の神が「神聖なる「無」」であるということ、「究極なるもの」が実在しないことの「決定的な無責任性」の病理である。丸山眞男は、「政事的統治が、上から下への支配よりは、下から上への「奉仕の献上〔まつりごと〕」」（丸山 一九九六m、二二七頁）として理解されていることが無責任体制にならざるをえない点を抉りだしている。「政事が「下から」定義されていることと、決定が臣下へ、またその臣下へと下降してゆく傾向とは無関係とは思われないのです。これは病理現象としては決定の無責任体制となり、よくいえば典型的な「独裁」体制の成立を困難にする要因でもあります。……天皇自身も実は皇祖神にたいしては、また天神地祇にたいしては「まつる」という奉仕＝献上関係に立つので、上から下まで「政事」が同方向的に上昇する型を示し、絶対的始点（最高統治者）としての「主」（Herr）は厳密にいえば存在の余地」（同書、二三八―二三九頁）すらあたえられていないのである。

「祀る神」としての天皇も含めて、「神聖な「無」」への「まつる」行為の連鎖として「献上《まつり》事《ごと》」があるとするならば、それは最終的には空虚な「無」に向かってすべてが揮発していかざるをえないはずである。『教育勅語』は、そのような空虚さを埋める精神の発条でもあった。

『教育勅語』の実質的な執筆者である井上毅は、伊藤博文の中心的な幕僚として大日本帝国憲法と皇室典範の作成にも参画した模範的な法制官僚であり、ビューロクラシーの制度化された知識人の典型だった。その井上を突き動かして『教育勅語』の作成に向かわせたねらいは、「「立憲政体之主義」にもとづく国家のありよう」（八木 二〇〇一b、三四頁）を支える「臣民」の「忠」と「孝」を、「皇祖・皇宗」の「肇国」、「樹徳」の「対股」として確立することにあった。

朕惟フニ我カ皇祖皇宗国ヲ肇ムルコト宏遠ニ徳ヲ樹ツルコト深厚ナリ我カ臣民克ク忠ニ克ク孝ニ億兆心ヲ一ニシテ世世厥美ヲ済セルハ此レ我カ国体ノ精華ニシテ教育ノ淵源亦実ニ此ニ存ス。（『教育勅語』三八三頁）

同じく「朕」という一人称から語られる『教育勅語』の冒頭は、「ユートピアとしての国体の独自性」（副田 一九九七、六七頁）を形づくる「臣民の社会的行為」＝「忠」と「孝」を明らかにし、それを「国体ノ精華」として、そこに新しい教育の源を置こうとしたことを示している。その場合、「臣民」が「一君万民」思想にもとづく新たな社会的カテゴリーとしてノミナルには封建的・身分的差別の撤廃を意味していたことは、すでに述べた通りである。したがって、次のような八木の解釈も成り立つことになる。

日本国民は、天皇の〈知らす〉という統治行為の原理・精神において、すべて〈知らされる〉「臣民」として平等なのだ。少なくとも、天皇の意識や視線に、それが分別する観念は一切ふくまれていない。たしかに、唯一の主体であるところの天皇からすれば絶対的な客体でしかない。しかし、その客体であるかぎりでの国民ひとり一人の平等性は、確保されているのだ。これは、西欧近代社会における人間の平等が、究極において〈神〉の存在を前提とすることと同義である。客体であるかぎり、その〈神〉を'God'とするか、〈現人神〉とするかは本質的なちがいではない。（八木　二〇〇一b、一九四頁）

たしかに、副田義也が石牟礼道子の父親に関するエッセイ（「陽のかなしみ」）を紹介しながら敷衍しているように、そうした「一君万民」の「平等主義」を謳った『教育勅語』の浸透は、「小学校四年まで文字を学んだ明治平民の、いちずに昇りつめた観念、国家の発見のよろこび」（副田　一九九七、二二五頁）と裏腹だった。石牟礼の父親は、「臣民身分への上昇とナショナリズムとモダニズムの結びつきに魅了」（同書、二二六頁）される名もなき「草深き村民」を象徴していたのである。しかし、それは同時に石牟礼が鋭く批判しているように「無限抱擁的な天皇制心情国家という幻想」に身も心も包み込まれていくことを意味していた。

実際、『教育勅語』の「忠」は、井上にとってひたすら「忠君愛国」を意味しており、そこに『教育勅語』の最終的な眼目があったと言ってもいい。先に引用した『教育勅語』の一節にしても、「孝」を説き、いわば「私的」世界でのパーソナルな関係の徳と個人的な小世界の技量の向上を大きな公の世界に繋げる論理を展開していても、それらはすべて「皇運」

の一極に収斂してしまうのである。「一旦緩急アレハ義勇公に奉シ以テ天壌無窮ノ皇運ヲ扶翼スヘシ」(『教育勅語』三八三頁)。

なるほど、八木が言うように、そこには「「国体」の憲法」を「より根本からささえる国民ひとりひとりの覚悟としての積極性・自発性」(八木 二〇〇一b、二二〇―二二一頁)がこめられていたと言えるかもしれない。だが、「皇祖皇宗の遠い昔の建国、深く厚い君徳」としての「皇恩」が計量不可能であり、また評価も不可能である以上、それとの互酬的な関係にある「忠」もまた、計量不可能であり、評価も不可能なはずである。だからこそ、「皇恩」は無限であり、したがって「対股」としての「臣民」の「忠」(=「忠君愛国」)も無限でなければならなかった。逆に言えば、そうであるがゆえに、石牟礼の父親のように「いちずに昇りつめた観念」を浮揚力にした「臣民身分への上昇」と「忠君愛国」を矛盾なく連結させる多くの国民が輩出されたのである。立身出世の膨大なエネルギーの放出も、そのような回路を通じて可能になったのである。

こうした「臣民」の「忠君愛国」を根こそぎ動員し、その同一性を身体化する動員の手段=メディアとなったのが、「御真影」への拝礼であり、『教育勅語』の奉読だった。それらは、学校の儀式や天長節、紀元節などの祝祭日のメディア空間のなかで再現され、天皇=「国体」を個々の「臣民」の身体のなかに摺り込んでいくことになったのである。

第四章　「国体」の弁証法

1　「国体の本義」と「空疎さ」のナショナリズム

「国体」が神がかり的な「非宗教的宗教」と化したのは、一九三〇年代の戦時期である。戦時下のラジオ講演のキー・シンボルをつぶさに分析した竹山昭子によれば、日中戦争勃発から敗戦前年までの戦時期（昭和一二—一九年）に使用頻度が高かったのは、一位の「聖旨」、四位の「御稜威」、五位の「国体」、六位の「大御心」、九位の「皇恩」といった「天皇」に関するキー・シンボルであり、その上位一一種（1「聖旨」、2「御稜威」、3「国体」、4「大御心」、5「皇恩」、6「万世一系」、7「宸襟を安じ奉らん」、「皇道」、「大君」、8「皇威」、「上御一人」）（竹山一九九〇、二四五—二五一頁）は、「ほぼ国体語」（鹿野一九九九、一三五—一三六頁）で占められている。

丸山眞男が「超国家主義の論理と心理」で暴き出したように、「縦の究極的価値への直属」（丸山一九九五c、二九頁）、つまり究極的な価値としての天皇との「相対的な近接」

が個別的な権力的支配だけでなく、国家機構の全体を作動させる「精神的起動力」(同書、二七―二八頁)だったとすると、「「天皇」に関するキー・シンボル」を頻用したラジオ講演者に華族や首相、大臣が多かったのは、ある意味で当然のことだった。だが驚くべきは、「国体語」を操り、また自らも「国体」の魔力によってパラノイア的な熱狂のなかにあったに違いない支配層にとって、敗戦にいたるまで「国体」の究極的な「奥義」が皆目わからなかったということである。この啞然とするような悲喜劇を、丸山は皮肉をこめて次のように指摘する。

ここで驚くべきことは、あのようなドタン場に臨んでも国体護持が支配層の最大の関心事だったという点よりもむしろ、彼等にとってそのように決定的な意味をもち、また事実あれほど効果的に国民統合の「原理」として作用して来た実体が究極的に何を意味するかについて、日本帝国の最高首脳部においてもついに一致した見解がえられず、「聖断」によって収拾されたということである。(丸山 一九九六f、二一八頁)

この空疎さは、ある意味でラディカルであり、その「茫漠としたコノテーション」こそが、「国体」の魔力と言いたくなるほどである。

もっとも一九三〇年代の過熱状態に先んじて、「国体」変革と私有財産制否認の結社取り締まりを目的とした治安維持法(一九二五年四月二二日公布)が、「国体」を法律用語としてはじめて浮上させることになった。にもかかわらず、ここでも「国体」は、積極的に顕揚されるべき価値としては茫洋とした雲海に包まれるようにしてその核心をあらわさず、むしろその否定性において仮借ない禁忌化と弾圧の苛烈さを発揮しているのである。それは、変えてはならないもの、あるいは変わらないものという一点において絶大な呪力を発現する「空洞化した表象」（松浦二〇〇〇、三一七頁）と言った方がいい。

さすがにその意味論的な空疎さが問題になったのか、その後、「国体」の核心を規定した昭和四（一九二九）年の大審院の判例は、帝国憲法の第一条「大日本帝国ハ万世一系ノ天皇之ヲ統治ス」と、第四条「天皇ハ国ノ元首ニシテ統治権ヲ総攬シ此ノ憲法ノ条規ニ依リ之ヲ行フ」をもって、その定義とした。この規定は、後に取り上げる膨張主義的な皇道派的国体論者であった里見岸雄の『日本政治の国体的構造』（一九三九年）にしたがえば、第一条を帝国憲法の「究極的根本法」とし、第四条をその「現実的中心法」とするものである。しかし、先述のように、「立憲神主国家」を宣言した帝国憲法の「作為的自然」と、それを補うはずの『教育勅語』の茫漠とした「ココロ主義」は、依然として「国体」の実質を何ら明らかにしてはいない。ただ、天皇は「万世一系」にして「天壌無窮」であり、したがって「国体」は変革すべきものではないし、また変革されるはずがない、このほとんどトートロジーとしか言いようのない力強い空言が、神がかり的なファナティズムを支えているのである。

このような「シニフィエの空虚さ」を覆い尽くそうとするシニフィアンの過剰と、その過剰がさらにシニフィエの虚ろさに拍車をかけ、それが狂熱的なエネルギーに転化する様は、戦局の悪化とともに「決戦」や「必勝の勝利」、「最後の勝利」や「精神力」、「天業翼賛」や「天佑神助」（竹山一九九〇、二五〇—二五一頁）といった空言の乱舞をみても明らかである。この空虚さと熱狂のコントラストが物語っているのは、阿鼻叫喚的な「国体」のスローガンが、ほとんどすべて「「大日本帝国」確立期の国家思想を表現するシンボル」（同書、二五二頁）の反復でしかなかった、ということである。つまり、戦時期の超国家主義的な「国体」ナショナリズムの「在庫目録」は、すでに述べた「国体」の近代の蓄積に負っていたのだ。

このことを公式に露呈させているのは、一九三七年に文部省が配布した『国体の本義』である。一九三五年、「国体」のいわば事実上の「密教」といえる天皇機関説への排撃とともにはじまった「国体明徴」運動をうける形で公布された『国体の本義』は、そのいかめしい教義的なタイトルとは裏腹に、ある種の日本思想史的なテキストの趣を備えている。それは、帝国憲法と『教育勅語』、『軍人勅諭』、さらには「五箇条の御誓文」や「維新の宸翰」といった「明治の勅語」をベースに「国体」の奥義とその歴史的な「事跡」としての「国史」をアレンジしたものである。

『わが闘争』や『二〇世紀の神話』などと較べれば格段にモデレートな印象が強い「国体明徴」の公式文書（＝テキスト）には、「国体」の近代のはじまりがそうだったように、改変や解体、消滅におびえる共同体の危機意識が横溢している。

『国体の本義』は冒頭、日中戦争勃発とともに「国運の伸展」著しい日本帝国は、他方では

「思想上・社会上の混乱と転換との時期」を迎えている、と説く。そして、この「国民の思想の相克、生活の動揺、文化の混乱」(『国体の本義』六頁)は、ただ日本帝国だけが直面している行き詰まりではなく、等しく欧米諸国にも降りかかっている困難であることが強調されている。それは、つまるところ「西洋個人本位の思想」の蔓延がもたらした弊害であり、これによって「国体」は、その純粋性を見失い、ややもすればその解体の脅威にさらされているというのである。ここには内外の危機に対応して共同体に心理的な安定を与え、その結束を通じて内部に累積された危機のエネルギーを外部に一挙に放出しようとする「国体」言説のパターンが見事に反復されている。

『国体の本義』が慫慂《しょうよう》している「明徴」とは、要するに「惟神《かんながら》の国体」の「醇化」のことにほかならない。「明徴」といい、「醇化」といい、ピューリタン的な純化を志しながら、実際には「体」を欠いた空疎な言説がちりばめられているだけである。その空疎さは、『古事記』や『日本書紀』といった神話＝政治的な「聖典」や数々の「歌」の心情のエモーショナルな礼賛をみれば明らかだ。

だが、見落としてはならないのは、『国体の本義』が頑迷な「国粋主義」を、「欧化＝文明開化」への盲従とともども否定し、「固陋を棄てて益々欧米文化の摂取醇化に努め、本を立てて末を生かし、聡明にして宏量なる新日本を建設すべきである」(同頁)と力説していることである。ここには「変化の持続」という「国体」ナショナリズムの歴史意識がよくあらわれている。それは、「いま」の感覚が「うつろい行く瞬間の享受」として次々に継受されていく、ある種の歴史的な相対主義を物語っている。「国体」の「本義」がその核心において空疎であるがゆえに、あたかもその虚無的な深淵を絶えず忘却させて無限の前進運動に駆りたてるように、その目的と価値を問わない「変化の持続」が称揚されているのである。その限りにおいて「国体」ナショナリズムは単なる反動ではないのだ。いや、むしろ「進歩」、というよりは「進化」に取り憑かれているのであり、その意味で必ずしも「反‐近代」、「反‐西洋」ではない。

現下国体明徴の声は極めて高いのであるが、それは必ず西洋の思想・文化の醇化を契機としてなされるべきであって、これなくしては国体の明徴は現実と遊離する抽象的なものになり易い。即ち西洋思想の摂取醇化と国体の明徴とは相離るべからざる関係にある。（同書、一五五頁）

ここには「国体」の「パラサイト」性が如実に表明されている。「国体」の存続は、「国体ならざるもの」を不断の栄養分にしなければ片時もその生命を維持できないことが語られている。そうであるがゆえに、「日本人のアイデンティティ」そのものである「国体」の濾過装置によって、その〈外部〉の「不純な」栄養素を「醇化」しなければならないし、また「国体」を「明徴」にしておく必要がある、ということなのだ。「西洋思想の摂取醇化」のように〈外部〉に開かれていることと、「国体の明徴」とが不即不離の関係にあるということは、単なる〈外部〉と〈内部〉の二項対立を物語っているのではなく、むしろ「国体」そのものが〈外部〉を不断に摂り入れて「持続的に変化」しており、「変化」が「常態」となっているがゆえに「国体」があたかも不動の静止状態にあるかのように見えてしまうことを示している。より具体的に言えば、「国体」の歴史のどの点をとりだしても、そこには「肇国」以来「万世一系」の「皇恩」が発現しており、そうした「祖宗の恵撫滋養」が「臣民」の「翼賛」と和合して「万古不易の国体」の「精華」をなしているのだ。『国体の本義』が、その本文を「肇国」から説き起こしているのは、こうした事情による。このことを、『国体の本義』は次のように記述している。「肇国の精神は、国史を貫いて連綿として今日に至り、而して更に明日を起す力となっている。それ故我が国に於ては、国史は国体と終始し、国体の自己表現である」（同書、六四頁）と。

ところで、以上のような「国体」の「大義」を支えるために、『国体の本義』は、冒頭、「この大義に基づき、一大家族国家として億兆一心聖旨を奉戴して、克く忠孝の美徳を発揮する。これ、我が国体の精華とするところである」（同書、九頁）と述べている。明らかに「忠孝の道」を「国体の精華」とする『教育勅語』を念頭においた表現であり、「忠孝一体」は「国体」の核心であることが示されている。すでに第三章で詳述したように、「皇祖・皇宗」の「肇国」、「樹徳」に対応する「対股」として「臣民」の「忠」と「孝」が一体となって宣揚されていた。しかも、それは天皇統治が君主主権のような統治ではなく、「心によって対象を知る」、「心にかけて世話してやる」ような「シラス」の構造をとるがゆえに、「忠孝」もまた、「義務」や「服従」ではなく、「自然」の「誠心」となって表現されることになるのである。『国体の本義』は言う、「天皇は、自然にゆかしき御徳をそなへさせられ、従って御位は益々鞏く又神聖にましますのである。臣民が天皇に仕へ奉るのは所謂義務ではなく、又力に服することでもなく、止み難き自然の心の現れであり、至尊に対し奉る自らなる渇仰随順である」（同書、一九頁）と。

限りない「憧れの対象」としての天皇、その天皇に服することは、「自然の心」のあるがままの発露にほかならないことになる。この「ココロ主義」をベースにして形づくられる君民一体の共同体こそ、まさしく「国体」なのであって、それは「人工」的な不純物（西洋近代の「個人主義思想」とそのコロラリー）が入る余地がないほど〈自然〉の合一そのものになっているのである。その意味で「個人は、その発生の根本たる国家・歴史に連なる存在であって、本来それと一体をなして」（同書、三五頁）いる。これに対して、「個人主義」は、個人を「国家や民族を超越した抽象的な世界性」において捉え、国家や民族を「歴史的全体」から「孤立」、「抽象」化された「集合」（同書、三頁）としてしかみられない。ここには国民の「自然の心」の一体感を揺るがす「個人析出一般」への「国体」の根深い猜疑心と憎悪にも近い拒絶反応がうかがえる。「国体」が何であるかは茫漠としていても、「国体」ならざるものに対して峻厳な権力体としての排他の暴力を発揮するのは、そうした事情によるものである。だから「忠孝一体」の「自然の心」が流露している限り、「国体」は微動だにしないのだ。この「忠孝一体」が、素朴な愛郷主義と国家の抽象的な水準との乖離、断絶を連続とみせかけるフィクションであることは、国家社会主義者である北一輝が鋭く指摘しているとおりである。

北は『国体論及び純正社会主義』の「所謂国体論」を論じた箇所で、「万世一系」による「君臣一家論」と「忠孝一体」の「不条理」を、「天皇即国家」と唱えた「白痴」的な東京帝国大学教授「穂積（八束）博士」にかこつけて、次のように痛烈に批判している。

> 万世一系の鉄鎚に頭蓋骨を打撲せられたる国民に取りては斯る惑乱の平常なるべきは論なしと雖も、仮に今日の全日本国民が穂積博士等の所謂天皇一人より繁殖せる君臣一家なりとするも、而も忠孝一致論に何の連絡ありて演繹し得るや。（北 一九五九、二六二頁）

北の舌鋒は鋭く、「君臣一家論」によって「忠孝一致」を演繹する穂積らの国家学・憲法論を「東洋の土人部落」（同頁）と揶揄する。「日本の国体」は、「君臣一家」などではなく、まさしく「堂々たる国家」であって、天皇は「国家の機関」であり、その限りで「皇室費は末家に対する本家の略奪」ではなく、「国家に対する皇室の権利」として公認される、と北は述べる（同書、二六三頁）。要するに、北によれば、「大日本帝国」は「君臣一家の妄想」などでは断じてなく、「実在の国家」であり、天皇の「重大なる特権」はあくまでも「国家の利益」のために発生する、というわけである。

北は、「君臣一家論」を拠り所にして「忠孝一致論」を唱える者を、「国家に対する反逆なり」(同頁)と厳しく断罪する。北の指摘を『国体の本義』に当てはめれば、『国体の本義』は「万世一系」の「系統主義」と「君臣一家論」に基づいて「忠孝一体」を説く「逆賊」の説ということになってしまうはずである。さらに北は国体明徴的な順逆論を転倒させて、「万世一系そのことは国民の奉戴とは些の係りなし」(同書、三二八頁)と言ってのけている。つまり、たとえ万世一系が実際には無数の傍系から成り立っていようとも、また「万世一系の天皇悉く全日本国の上に統治者として継続せざりし歴史上の事実」があるとしても、「現天皇以後の天皇」が「国家の重大なる機関」に就くのは、帝国憲法によって「大日本帝国の明らかに維持する所」となっているからであり、それ以外のものからではないのだ。北が「国体」の近代の、国民による政治的な決断主義の契機を決定的な旋回点とみていることは明らかである。だからこそ、驚くべき逆転の発想をもって、北は次のように「万世一系」の意味転換を図ろうとしたのである。「憲法の所謂「万世一系の天皇」とは現天皇を以て始めとし、現天皇より以後の直系或は傍系を以て皇位を万世に伝ふべしと云ふ将来の規定に属す」(同書、三六一頁)と。

北が夢想した「一君万民」的な国家社会主義の構想が、あえなく藻屑と消えたことは言うまでもない。しかし、ある意味では「真性」のファシスト的な「近代性」を備えていた北の、「皇位=国家の等式」を「自壊させてしまうことをめざした言説パフォーマンス」(松浦二〇〇〇、三二〇頁)からあぶり出されるのは、「国体明徴」的な「国体」ナショナリズムの「空疎さ」以外の何ものでもない。

しかも、この「空疎さ」は、内外の「明徴」ならざる、不透明な異質の「他者」と接するとき、より鮮やかに浮かびあがるとともに、ジレンマも深まらざるをえない。北はこのことをハッキリと認識していた。

日本国を以て一家の膨張したる家長国にして国民は天皇の赤子なり天皇は民の父母なりと云ふ国体論は内地雑居によりてヂレマに掛る。今日の法律は如何なる外国人と雖も日本の国籍に入るときに於ては国家の臣民たる義務に於て差等なし。――赤髭碧瞳の欧米人に取りては単に国籍に入れりと云ふことを以て天皇の赤子なりとは承認せざる所にして彼等は日本国の臣民なりと云ふべく、黒人種の入籍を許可して日本国の臣民とすべきも、天皇を以て黒奴の父母なりとは天皇の快ろよしとせざる所なるべし。君臣一家論により天皇の家長なりとして忠を要求する穂積博士等の国体論者は何の理由に要めて帰化人の義務を要求するや。（北 一九五九、二六三―二六四頁）

明治三九年にすでに北は「国体」が異質な文化や民族、人種を抱え込んだ場合の軋轢、相克を鋭く察知していたことになるが、その年の日露戦争の終結を受けて大日本帝国は文字通り帝国として列島の外にウイングを広げ、本格的な植民地経営に乗り出すとともに、「国体」のジレンマを深めていくことになる。

2　「国体」の境界と変容

「国体」が北海道の「アイヌ」、琉球、さらには海を越えて拡大していくにつれて、「国体」論の「危機的反応」が誘発されるようになる。なぜなら、膨張論的な国体論者であった里見岸雄の言葉を使えば、「統治国力の外的発現」（里見一九三九、一八二頁）にともなって「国体」とは何か、さらには「日本」とは、「日本人」とは何か、といったことがあらためて問われるようになったからである。里見が言うように、「日本臣民の本義」が、「血統関係を本元として、万世一系の天皇に対して、赤子（血縁）、弟子（心縁）、臣子（治縁）の三重的身分を一身に具するところの被統治者である」（同書、三一五頁）とすれば、これら三重の縁とは無縁の異質な「他者」に「国体」はどう対応するのか、その核心、アイデンティティが問題にならざるをえなかったのである。それは「国体」の境界が膨張・拡大し、その境界移動が生じることで、「国体」の境界がどこにあるのか、その再設定が不可避になったことを示している。

この問題を「同化」政策と、その「同化」されるべき「主体」としての「日本」という観念のフィクショナルな「創造」として捉えた石田雄は、「『日本』という範囲をきめる中心的価値が不明確で、「同化」政策の必要に応じて変化する面があった」（石田一九九八、一六四頁）と指摘している。このことは、「国体」あるいは「日本」、「日本人」の境界とその範囲が状況によって可変的に移動する相対的な概念だったことを物語っている。ただし、「一つだけ動かな」かったのは、「中央と周辺の序列」であり、「同心的になった幾つもの円が状況に応じて、そのおおう範囲を異に」（同頁）していたのである。

中心に位置していたのは、言うまでもないことだが、「民族生命体系に於ける血縁中枢」（里見 一九三九、三一四頁）としての天皇（皇位）である。それを中心に、列島内の周辺が随時「まつろひ」、つまり「賛嘆、感激、心服随順、護持扶翼の心願」（同書、三一六頁）を通じて天皇の臣民となり、さらに帝国の拡大とともに北海道や琉球、台湾、朝鮮半島が次々と周辺になって、それがまた同心円的に「まつろひ」を通じて天皇統治の「皇業」に参加する――そうした構造になっていたのである。この中心‐周辺の構造は、同時に文明‐野蛮のヒエラルヒーとほぼ一致していた。しかし両者は同時にズレを含んでいた。なぜなら、「国体」の膨張・拡大、つまり「同化」の強行には、他方において「「同文同種」の強調」（石田 一九九八、一六三頁）が掲げられていたからである。この点を「国体」論からみれば、それは「国体」の生成同化力の偉業にほかならないことになる。すでに『国体の本義』でも「日本の国民性」として「没我・無私の精神と共に、包容・同化の精神とその働き」（『国体の本義』九七頁）の力強い発現が称揚されていたが、その「我が国特殊の偉大な力」は、里見が説くように「天業ヲ恢弘」し、天皇統治を「中外に施して悖らざる皇道」（里見 一九三九、一八三頁）となすことを意味していた。ここに「国体」は「使命」、「当為」の性格をおび、「擬普遍的規範性」（橋川 一九八五d、一一七頁）にまで拡大されるにいたったのである。

「日本国体」が国民的情意限界に制約されてはならず、それは朝鮮人にも中国人にも説かれるべきだと考えた里見は、「国体の本義」からみた「本来の日本人たる者」以外の「臣民」に関して以下のように言及している。

現在の国法に依って臣民と認められている者の中には、日本民族以外の諸民族が存するが、これらは斯くの如き本質を生命的に古来具有し来れる者ではなく、国家の権力的関係に基いて法上、臣民とされるものである。然も、日本古来の臣民、即ち内地人たる臣民とは、法の上に於ても若干の差別を付せられている臣民である。然しながら、一度《ひとた》び日本臣民たるの身分を与へられた以上、これらの異民族臣民といへども、国法上に於ては内地人たる日本臣民と差別せられる事なき臣民たらしめ、又、国体上に於ては、赤子、弟子、臣子の三重的身分を獲得する臣民たらしめんとする事が、国家的理想であり、又、天皇統治の目標でなければならぬ。（里見 一九三九、三一五―三一六頁）

この「善意の帝国主義」とも言えるような膨張的「国体」論の鼓舞にもかかわらず、現実には中心と周辺の細分化された差別・階層構造が維持されたことは言うまでもない。また里見の上記のような「理想」にもかかわらず、里見自身が強調している通り、「日本臣民の本義」は、あくまでもその「主要素たる日本民族の本質」から流出してくるのであって、「日本国家」を構成する「日本民族以外」の「朝鮮民族」、「漢民族」、「其他未開の数族」（同書、三一四頁）は、いわばエスニック・マジョリティとしての「日本民族」に「同化」しなければならないのである。

だが、アイロニカルなのは「日本民族の本質」とは何かが決して自明ではなかったことである。しかも総力戦下の植民地・朝鮮で実施された「皇国臣民」化が「朝鮮から内地にもちこまれた」（石田　一九九八、一五六頁）ように、「日本民族の本質」を陶冶すべき教育政策が周辺から中心に逆流することで、そのような「本質」があらためて自覚される、といった逆転現象すら起きていた。つまり、「日本民族の本質」が判然としないがゆえに、そうではないものとの接触を通じてその実質が創り出され、「国体」の境界があらたに敷かれることになったのである。しかし、その「空疎さ」は決して実体的な価値によって満たされることはなかった。だからこそ、「まつろひ」の「ココロ主義」が呪文のように呼び出されざるをえなかったのである。「臣民」の「まつろひに於ては、民族生命の本源太極たる皇極に於て我等個々の生命の本源を見、皇極の発展に於て我等の発展を見、皇極への感謝報恩に於て我等を行動化する祭政一致を以て政治の本質とする」（里見　一九三九、三二七―三二八頁）。この「まつろひ」にもとづく祭政一致としての政治こそ、「惟神の道」の実践以外のなにものでもなかったはずだ。その限りで植民地支配は「まつろひ」の拡大の問題に置き換えられ、その権力関係のリアリティをかき消すことになった。それはある意味で「国体」の「善意」の発露として受け止められたのである。

だが、そうであればあるほど、「日本民族の本質」は、「日本民族以外」の民族に対して、その儀礼的なルーティーンの形式性によって、その有無を確かめるしか方法がなかったことにもなる（石田 一九九八、二六八頁参照）。それは、ある意味で、「空疎さ」のナショナリズムの「マニュアル化」を意味していた、といっても過言ではない。そのような「マニュアル化」すれすれの外面的な儀式化の進行と、「主体的意欲の大きさ——「精進」の深さや激しさ」（橋川 一九八五d、一一八頁）とは硬貨の裏表の関係をなしていたと言える。敗戦とともに「国体護持」が実際には臣民の膨大な犠牲をも厭わない天皇家の存続以外のなにものでもないことがわかったとき、「空疎さ」のナショナリズムは歴史の表舞台から一挙に雲散霧消したのである。同時にそれは、「日本人」のナショナリティがもはや単一民族的には構成されえないことを忘れ去ることにもなった。そうして植民地の「日本臣民」は「国体」の境界から放逐された「異胎」となったのである。戦後の「ねじれ」というのならばそれこそが最大の「ねじれ」だった。

第五章　戦後「国体」のパラドクス

1　戦後の原像と「断絶／連続」のパラドクス

太平洋の真ん中と中国大陸を摑んでいた大日本帝国は、巨大な怪獣の姿をした染みのようにアジア・太平洋に広がっていたが、この「一頭の奇怪なキメラ」（ダワー　二〇〇一、(上)四頁）のような大東亜共栄圏は、壊滅的な敗北をこうむる。廃墟と占領の屈辱的な体験のなかから「新生民主日本」が誕生し、今や「国体」は葬り去られるべき過去の忌まわしい遺物にすぎなくなったように思われた。そんな戦後日本にとって「国体」は、もはや死語にも等しい、思い出すのも胸くその悪くなる、おぞましい言葉にすぎなくなったのだろうか。答えは、至極簡単なようで、決してそうではない。なぜなら、「然り、そして否」という矛盾した、宙づりにされたような答えが実態に近いからである。それでは、この「肯定」と「否定」、あるいは「断絶」と「連続」は、いったいどんなふうに結びついているのだろうか。それを知るためには、戦後の「始まり」について考えてみなければならない。

丸山眞男を一躍戦後論壇の寵児に押し上げた「超国家主義の論理と心理」は、その末尾を次のような印象深い文句で締めくくっている。

> 日本軍国主義に終止符が打たれた八・一五の日はまた同時に、超国家主義の全体系の基盤たる国体がその絶対性を喪失し今や始めて自由なる主体となった日本国民にその運命を委ねた日でもあったのである。（丸山　一九九五c、三六頁）

ここには「八・一五革命」（宮沢　一九四六）の巨大な転換をテコにして「配給された革命」を主体的な変革に転化させせんとする丸山の並々ならぬ意気込みが迸っている。それは、ひとり戦後日本を代表する知識人の決意にとどまらず、敗戦に打ちひしがれた日本国民の総意として分かちもたれていたはずである。

だが、果たしてこの戦後の時間的な「零度」を画したような「八・一五革命」説は、戦後の「始まり」を正しく反映していただろうか。

丸山だけでなく、多くの知識人や国民にとって「八・一五」が戦後民主主義の原点として想起され、たえず「復初」すべき「零度」として言及され続けてきたのは周知の通りである。言うまでもなく、それは「玉音放送」という形で天皇の肉声がラジオを通じて「内外地」の帝国臣民に届いた画期的な出来事があった日だったからである。しかし、その天皇の「終戦の詔書」を見る限り、そこには「八・一五革命」といわれるほどの鮮やかな断絶が刻印されているとは到底言えない。

ここで「終戦の詔書」の全文を検討する余裕はないが、まず「天皇の「日本語」」という観点からみて、それは「「大日本帝国」を支えてきた「軍人勅諭」と「教育勅語」の文体といささかも変わっていない」（小森 二〇〇〇、二八〇頁）のだ。しかも内容的にみれば、そこには「降伏」や「敗北」といった言葉は一切登場していない。いや、むしろ「玉音放送」には、「現人神」の肉声を通じて「屈辱的な敗北の宣言を、日本の戦争遂行の再肯定と、天皇の超越的な道徳性の再確認へと転換」（ダワー 二〇〇一、(上)二七頁）しようとする意図がありありと見て取れるのである。

すでに敗戦必至の瀬戸際で「国体護持」を至上命題として、近衛文麿を巻き込んだ「吉田反戦グループ」が密かに活動していたが、これら天皇側近の吉田・近衛グループが最も怖れたのは、戦争がもたらす社会構造の転換、その変化の加速化であり、民衆意識の変化を促す強烈な触媒現象（ダワー 一九九一、(下)二三頁）だった。その恐怖感は、当然のことながら天皇の肉声にも大きな影を落としている。そうして「玉音放送」という意表をついた賭けに出ることで、「国体護持」の側は、「敗戦国家の社会的・政治的安定を図る」とともに、「天皇の支配を維持するための緊急キャンペーンの開始」（ダワー 二〇〇一、(上)二九頁）を宣言したのである。

このようにみるならば、なぜ「八・一五革命」なのか、どうして「八・一五」が戦後の「新生民主日本」の「始まり」として受け入れられたのか――こうした疑念がわいてくるはずである。しかも、そもそも「八・一五」は、ポツダム宣言受諾が法的に確定された日付ですらないのだ。もし敗戦記念と言うのなら、「終戦の詔書」が発布された「八・一四」をそう呼ぶべきである。そうではなく、あくまでも「八・一五」でなければならなかったのは、「八・一五」を歴史の「零度」として天皇の肉声を通して「爾臣民」の意識に鮮明に刻印し、敗戦以後も「国体」が維持されていくことをマニフェストしておく必要があったからである。

それでは、先に引用した丸山たちの「八・一五革命」への「思い入れ」は何を意味しているのだろうか。

すでに米谷匡史が詳細に実証しているとおり、敗戦の明くる年の五月に発表された丸山の「超国家主義の論理と心理」は、三月六日の決定的な旋回点をキッカケに一気呵成に書かれた論説である（正確に言えば、「超国家主義の論理と心理」は、「昭和天皇をめぐるきれぎれの回想」（一九八九年）で丸山が振り返っているように、二月頃に創刊されたばかりの雑誌『世界』の委嘱で執筆されたものである（丸山 一九九六ｏ、三三五頁）。ただし丸山はすでに二月の半ば頃には宮沢俊義を会長とする東京帝国大学の「憲法研究委員会」で憲法草案の骨子を知らされていた）。この三月六日、主権在民、天皇象徴、戦争放棄といった、戦後日本の体制の骨格を確定した「憲法改正草案要綱」が発表され、それに対してマッカーサーは全面承認を与える声明を発表した。明らかに「外」の超法規的な権力による「国体」改造の不屈の意志が明らかにされた瞬間だった。もはや戦前的な「国体」の微温的な部分修正では事態を収拾することは完全に不可能であることが自覚されたのである。

したがって、米谷が指摘しているように、「丸山は、戦中から戦後への決定的な転換を戦後初期には自覚できず、占領軍の民主化政策をいわば後追いする形で自覚し、それを八・一五における〈断絶〉としてさかのぼらせて提示した」のである。言い換えれば、「戦後民主主義の〈始まり〉が真に自覚されたのは、実は新憲法草案に触れた時点であったにもかかわらず、丸山は、それを半年以上前の八・一五の時点へと遡及させて設定し、ある神話づくりをおこなった」（米谷　一九九七）ことになる。

もちろん、こうした「始まり」の「捏造」は、ひとり戦後最大の知識人に帰される性質のものではない。少なくともそれは、帝国大学を中心とするリベラルな知識人集団のみならず、多くの「忠良な臣民」の集合的な心性にそれこそ阿吽の呼吸で呼応していたがゆえに、「始まり」の「神話」は戦後の時空間をすっぽりと覆い隠すことができたのである。

この「神話」を誰も疑えないようなリアリティたらしめる上で決定的な役割を果たしたのは、これまた天皇の詔書、すなわち敗戦の翌年の「年頭詔書」だった。いわゆる天皇の「人間宣言」として有名な「詔書」は、三月六日の「憲法改正草案要綱」発表の伏線をなしており、また戦後「国体」への決定的な第一歩を意味している。それは、占領軍によって原案が書かれ、元旦に発表するように要請されていたものだが、同時にそこには天皇やその側近たちの思惑も書き加えられ、いわば日米合作的な文書として発表されることになったのである。

「人間宣言」として人口に膾炙してきた「年頭詔書」だが、どこをみてもそうした文言は見いだせない。ただ「天皇ヲ以テ現人神」とする「架空ナル観念」が否定されているだけだ。これは、すでに述べたような大日本帝国憲法の「内部」に拘束されつつ、他方でその「外部」に屹立する「現人神」をいただく「立憲神主国家」の否定を意味している。一九三〇年代以降の「国体明徴」的な体制が、「立憲神主国家」の「立憲」すらないがしろにしたグロテスクな「国体」だったとすれば、そうした「否定」の宣言は、「神聖国家」としての旧「国体」の終わりを「現人神」自らが明らかにしたものということになる。「詔書」のミソになるのは、そうした「否定」にもかかわらず、「朕ト爾等国民トノ間ノ紐帯」が、「終始相互ノ信頼ト敬愛トニ依リテ結バレ」、「神話ト伝説」といった「架空ノ観念」に基づいているわけではない、という行である。天皇と国民の相互の「信頼」と「敬愛」――このきわめて情趣的な「共同性」が、どこに由来しているのか、その根拠について「詔書」は何ら言及していない。それが「天壌無窮の皇統」にもとづく無限の「皇恩」と、それに対する臣民の「対股」、「翼賛」に基づいていると想定されていることは明らかである。この主情的な「共同性」こそが、「国体」の本来の姿であり、「日本」を破滅に導いた一九三〇年代以降の「国体」は、それからの逸脱だったと言いたいのだろう。

後にみるとおり、このような天皇と国民の「相互ノ信頼ト敬愛」によって結ばれた麗しい「共同体」という新たな「神話」は、政治的な〈作為〉、したがって近代的なポリティックスに先行する、より本源的な日本社会の「原像」として、和辻のようなオールド・リベラリストや南原繁のようなフィヒテ主義者のなかに学問的な意匠をまとって再生するようになる。

こうして「詔書」は「否定」を通じて「軍国日本」との「断絶」を際だたせると同時に、「国体」の「連続」を周到に印象づけている。そのことは、「詔書」の冒頭に掲げられている「五箇条の御誓文」によって明らかだ。というより、「詔書」の第一のねらいは、むしろ「五箇条の御誓文」を想起させることで「旧来ノ弊習」としての「架空ノ観念」を「否定」することにあったとみるべきである。逆に言えば、天皇と国民の「信頼ト敬愛」にもとづく本源的な民主主義（後に取り上げる南原繁の言葉を使えば「共同体民主主義（Gemeinschafts-demokratie）」ということになる）は、すでに「明治大帝」の「五箇条の御誓文」のなかに実現されていた、と言いたいのである。「叡旨公明正大。又何ヲカ加ヘン」。あるべき「国体」に関して付け加えることは何もない、というわけである。

冒頭の「五箇条の御誓文」が昭和天皇の意向によって加えられたということ。そして「詔書」の起草がGHQの指導のもとで取り仕切られたということ。さらに「詔書」が三月六日の「憲法改正草案要綱」発表の伏線だったということ。これらのことをつなぎ合わせていくとき、それは、進藤榮一が最も支配的な戦後史像として描いている米国の「「日本派」主導による対日宥和的なソフトピース」（進藤 一九九九b）論と重なっていくはずである。つまり、米国の対日占領政策は、戦後の日本に対して「穏健な平和」を約束したのであり、それに対する受け皿が日本の側から準備された、という見方である。それは文字通り、米国による「新植民地主義的革命」（ダワー 二〇〇一、(上)二一六頁）に対する日本側の従属的なコラボレーションを意味していた。あるいはダワーの卓抜な表現を借りるなら、「年頭詔書」は米国との「談合オリエンタリズム」的な「国体」の新たな再生宣言にほかならなかったのである。それは他方で、敗北の「奇跡」をテコに、より上位の権力との従属的なコラボレーションを通じて、帝国へと拡大していた「国体」の綻びを繕い、エスニックな「日本人」＝「日本国民」とぴったり符合するような「単一民族的」な国民国家に収縮していくことを意味していた。そこでは「脱植民地化」の課題が主体的に捉え直されることなく、ばっさりと切り捨てられることになったのは言うまでもない。

2　「談合体制」としての戦後「国体」

先に述べたように、一九四六年の「年頭詔書」は、敗戦の断絶に歴史的な連続性の古い装いを施す「国体」生き残り宣言でもあった。昭和天皇の戦争犯罪からの免責と天皇制の温存という方針は、米国内では太平洋戦争中から政府や軍首脳のなかで検討されていた。このことは、戦時期から米国の対日プロパガンダや宣伝ビラから昭和天皇を中傷するイメージが消えていったことをみても明らかである。

タカシ・フジタニは、戦後駐米大使として日米関係に多大の足跡を残し、非欧米地域の近代化論の指導的な役割を担ったエドウィン・O・ライシャワーの「対日政策メモランダム」を発見し、すでに日米開戦の翌年にはライシャワーのなかで昭和天皇を中心とする「傀儡政権（puppet regime）」構想が温められていたことを実証している（フジタニ 二〇〇〇）。メモからは、ライシャワーが「日本版全体主義の擬人化」としての昭和天皇のイメージを払拭し、それを天皇以外の「トウジョウやヤマモト、あるいは架空の人物である不気味な魅力のミスター・モト（軍服姿の！）でもよい、我々が戦っている日本を擬人化するさいにはこういった個人を利用するよう、政府が報道機関を促してゆくことが大きな得策である」（同書、一四一頁）と考えていたことがうかがえる。もちろん、ハーヴァード大学の俊英だったとはいえ、当時無名であったライシャワーの構想が実際の対日政策に与えた影響はほとんど取るに足らないものだったと思われる。しかし敗戦から占領、日本の「国家改造」、そしてサンフランシスコ講和条約の締結と日米安保条約の発効など、戦後の日米関係の推移を重ね合わせて考えれば、ライシャワーの「傀儡天皇制構想」のもつ意味はきわめて予兆的な示唆にとんでいる。

ライシャワーの構想は、米国が天皇を「飾り物のカリスマ」として、平和のためにも簡単に利用できると算段していたことを示している。実際、占領軍当局は、平和主義的な統治者としての天皇イメージの喚起に協力的だっただけでなく、「天皇制民主主義（imperial democracy）」の建設に向けたキャンペーンをかってでた。

このような「勝者」の「新植民地主義」的な対日宥和政策に応えた「敗者」のカウンターパートが、オールド・リベラルあるいは保守的な「「天皇の股肱」としての帝国の外政家たち」（進藤 一九九九a、四〇頁）だった。彼らは、強烈な反共主義とアジア・ナショナリズムへの無関心や蔑視、さらには天皇との「距離の近さ」を通じて自らを帝国の命運と重ね合わせていた点で、ほぼ共通していた（同書、四四頁）。共産ソ連やアジアの革命的ナショナリズムへの対抗を戦後世界の基本的な戦略においたトルーマン政権下の米国による冷戦型対決の構造は、「国体」護持のグループを甦らせ、太平洋を挟んだ絶妙なコラボレーションの下地になったのである。その点をダワーは次のように巧みに表現している。

> 日本の皇室擁護派とアメリカ人の同調者たちは、天皇を守り、利用するにはどうするのが一番よいかをめぐって、ぎこちないダンスを一緒に踊った。時に違う音楽に合わせ、しょっちゅうステップを乱しながら。だが最終的には両者の共同作業は功を奏した。天皇に新しい衣装を着せ、裕仁個人の身の安全を確保し、新設された民主主義国家の中央装飾として玉座を置くのに、おおいに貢献したのである。（ダワー 二〇〇一、(下)三九頁）

この日米の談合的なコラボレーションによって操られた「天皇制民主主義」は、「象徴的君主制」という形で「国体」の伝統を存続させ、国民の意識下にある帝国意識の残存を許すことになった。

大正デモクラシーから昭和ファシズムへの移行を、ナショナリズム、帝国主義、国民主義《ポピュリズム》、そして民主主義の独特な混合体の分析によって明らかにしたアンドリュー・ゴードンは、「インペリアル・デモクラシー」という矛盾した概念によって社会・政治運動の矛盾する目標や、国家の栄誉と国民の広範な階層の公的空間への参加を受け入れた支配体制を表現しようとした（ゴードン　一九九六、六一―九三頁）。それは、戦後の「君民一体」型の「日本民族共同体」的なデモクラシーのあり方を理解する上でも示唆にとんでいる。「インペリアル・デモクラシー」は、対外的には天皇制＝「国体」と一体になった帝国の拡大、国内における経済的平等と政治改革、立憲政治と民衆の政治関与を言い表している。このデモクラシーは、総力戦期には対外的な膨張・侵略の拡大とともに「社会国家」的な福祉・保障を通じて国民の広範な層を国家のなかにつなぎ止め、戦時体制の動員を可能にした。もっとも、後にみるとおり、この体制は下からの自発的な参加を国家的な統治に媒介することに成功したとは言い難かった。しかし、それにもかかわらず、この「インペリアル・デモクラシー」のもとで満州事変以来、帝国・日本では重化学工業に起こった革命、つまり先端的な技術者や中間管理者、熟練労働者が一体となった巨大集団が誕生し、戦時総動員の日本型統制経済のメカニズムをつくりあげることができたのである。

このメカニズム、とくにその官僚統制の巨大な「見える手」を米国の占領当局は積極的に温存し、沖縄から朝鮮半島、さらにはヴェトナムと続く戦後アジアの「熱戦」がつくり出した「特需」を復活しつつあった戦後「国体」に「天佑神助」として差し出したのである。

このように日本を米国の「保護国（a client state）」とする日米談合のシステムは、再びダワーの口吻をかりれば以下のように要約されうる。

一九二〇年代後半に始まり、一九八九年に実質的に終わったひとつの周期に注目するほうが有用である。数十年間のその年月は短くかつ暴力と変化に富んだ時期であったが、これを精密に観察すれば、戦後「日本モデル」の特徴とされたものの大部分が、じつは日本とアメリカの交配型モデル a hybrid Japanese-American model というべきものであったことがわかる。このモデルは戦争中に原型が作られ、敗戦と占領によって強化され、その後数十年間維持された。……この官僚制的資本主義は、勝者と敗者がいかに日本の敗北を抱擁したかを理解したときはじめて、不可解なものではなくなる。敗戦直後に流布したユーモラスな新語を借りて言えば、いわゆる日本モデルとは、より適切には「スキャッパニーズ・モデル a SCAPanese model［総司令部と日本人の合作によるモデル］」というべきものであった。（ダワー 二〇〇一、下四一八頁）

戦中のシステムと戦後のシステムを米国と「象徴的君主制」（戦後「国体」）という締め金でつなげようとする試みは、「明治憲法体制下の連続線上に戦後日本を描くのか、それともその断絶の上に描くのかの違い」（進藤 一九九九a、二二三頁）をめぐって、日本のなかに絶えざる分裂をもたらさずにはおかなかった。日米談合システムに支えられた戦後「国体」は、大勢としては前者の方向を歩み続け、脱軍事化と民主化、アジア・ナショナリズムとの共生や脱植民地主義化、戦争の記憶の共有を基軸とするような世界像に転換する回路を閉ざすことになったと言える。しかし、昭和天皇の死まで「幸運」に思えた日米談合のシステムは、同時に日本のなかから構想力と柔軟さの芽をつみ取る「悲劇」の影をともなっていたのである。

3 「国体」の成熟と喪失

これまでみてきた通り、戦後「国体」は、「外部」の「超権力」の介入をテコに「現人神」を憲法の「内部」に封じ込め、それを政治的には「イノセント」な「象徴」に「変身」させることで再生した、新たな「立憲民主国家」だった。それが国民主権によって「民主」となったとしても、「国体」は途絶したわけではない。ただ、「談合体制」としての戦後「国体」は、米国という「超権力」を内部化しつつ、あるいはその眼差しで自らをながめつつ、同時に政治的に「イノセント」な、その意味でより根源的な天皇と国民の共同体に回帰する形をとったからである。それは、「不純な外部」(＝米国)の原液をふんだんに使いながら、それにもかかわらず出来上がったものは混じりっけのない、「日本本来の」飲み物と言うに等しかった。ここに、戦後「国体」の「奥義(arcanum)」があったのである。言い換えれば、戦後の日本が米国のある種の「傀儡国家」であるがゆえに、ナショナルな「純粋性」の言説が欲望される、そうした巧妙な「談合体制」になっていたのである。

このようなケンタウロスのような姿をした戦後「国体」は、そのナショナリズムの言説に混乱と分裂を引き起こすことになった。

以下では、そうした分裂を、幾人かの代表的な戦後知識人の言説を通して検討してみることにしたい。その代表は、和辻哲郎と南原繁であり、そして江藤淳と丸山眞男である。先の戦後の原像に関する進藤榮一の整理に対応させるならば和辻と南原は「対日宥和的なソフト・ピース」の立場に立ち、その対極にある「懲罰的なハード・ピース」としての戦後という立場に江藤を配することができるだろう。そして、そのどちらでもない、新たな日本の姿を模索しようとしたハーバート・ノーマンのような立場に丸山を加えることができる。これらの代表的な知識人の言説を通して、戦後「国体」が多義的なイメージの増殖装置でもあったことがわかるはずである。

和辻哲郎

大日本帝国憲法が発布された年に生まれた和辻と南原は、生成会同人の機関誌『心』に結集したオールド・リベラリストたちの経歴について久野収が整理しているとおり、「明治の中期以後、自由民権運動以後に、青年期を送って、大正時代に官学、あるいは準官学で大家となった」（久野・鶴見・藤田　一九九五、一〇七頁）知識人のグループに属している。もっとも、南原を保守的なオールド・リベラリストのグループに加えるのは無理があるし、実際、南原は『心』グループには名を連ねていたわけではない。にもかかわらず、南原が『心』グループのエートスを分かちもっていたことは、同僚の高木八尺らを重要な媒介者として木戸幸一ら天皇重臣リベラル派と終戦工作に奔走した経緯をみても明らかである（木戸一九六六、三六七頁）。実際、南原は自ら独白しているように、敗戦直後の東久邇内閣の頃、「明治憲法の継承という形」での「改正」で敗戦後も乗り切れる、と期待していたのである（丸山・福田編 一九八九、三三七頁）。このような意味で、南原にも『心』グループとほとんど相似形のエートスが流れていたことは否定できない。

そして戦後のオールド・リベラルな保守主義がそうだったように、和辻と南原は、戦後体制のなかに「日本の歴史のコンティニュイティ」（同書、三三八頁）をもたせようと尽力し、実際その悲願は「対日宥和的なソフト・ピース」の現実路線によってかなえられた。つまり、彼らにとって「国体」は、歴史的に決して断絶してはいなかったのであり、むしろ敗戦をくぐり抜けることでそれがより「成熟」したものに再生していくに違いない、と考えていたのである。和辻の「国体護教論」ともいえる「文化的共同体」としての「国民共同体」＝「国体」という観念や、南原の「君民同治」的な「共同体民主主義」の理念は、それを物語っている。そうして「文化」と「平和」が、そうした新たな戦後「国体」を彩る価値として掲げられた。それが、「官民挙ゲテ平和主義ニ徹シ、教養豊カニ文化ヲ築キ、以テ民生ノ向上ヲ図リ、新生日本ヲ建設スベシ」と謳われた先の「年頭詔書」の天皇の「お言葉」と平仄《ひようそく》を同じくしていることは明らかだ。

様々な可能性のベクトルが輻輳《ふくそう》しながら絡み合っていた敗戦直後、和辻は天皇制や「国体」について、いくつかの注目すべき論稿を精力的に発表している。それらは『国民統合の象徴』（一九四八年）としてまとめられているが（和辻 一九六二c）、それらを貫く糸は、和辻倫理学のライトモティーフと深くかかわっている。その点を、酒井直樹は次のように要約している。

和辻の倫理学は倫理的規範についての非常に明確な概念を用意している。それは人をその人の本来的自己へと回帰することをうながす全体性の呼び声なのだ。従って、彼にとって倫理性を構成するのは個別性の否定であり、人をその人に内在する全体性によって規定された限りの本来的自己へと再帰させる否定の否定のことなのである。しかも本来的自己の主体的立場への回帰は他人にも全く問題なく「分かってもらえる」ものなのである。というのは一定の共同体に属する人々の間では、まさに間柄という連関によって、相互了解が保証されてしまっているからである。（酒井 一九九七、一〇六頁）

要するに、和辻の倫理学は「仲ヨシ」共同体の人間学の別名であり、その共同体の「全体性」の表現者、それが天皇にほかならないのである。

こうした全体性があらかじめ個別的な人格に内在するような形で間柄が保証されている共同体のうち、最も包括的で最高の共同体こそが、国民共同体であり、その全体性を天皇は対象的に表現していることになる。和辻のこのような主張は、明らかに「国民統合の象徴」としての天皇という新憲法のドラフトとぴったり平仄を同じくしていた。いや、逆に言えば、マッカーサー憲法草案のなかにそのような「国体」のモデルを見いだしたというよりも、新憲法があちらからやって来て、本来の「国体」に対して、より「成熟」した表現を与えてくれた、そんな印象すら漂っているのである。

　やがてそのうちに、新しい憲法の草案が発表された。それを見ると最初に「天皇は日本国民至高の総意に基づき、日本国民及びその国民統合の象徴たるべき」と記されている。……わたくしは「国民の総意の表現」という言葉を使いはしたが、象徴という言葉を用いてはいない。しかし国民の総意というごとき主体的なるものを眼に見える形に表現するとすれば、それは象徴であるほかはない。従って、天皇を国民の統一の象徴とするのは正しいのである。こういう規定を最初に掲げた憲法が国民の自由に表明された意志によって決定せられるならば、わたくしが前掲の文章で言おうとしたことは貫徹せられることになる。だからわたくしはもう何も言わずにこの憲法の成り行きを見まもることにしたのであった。憲法はついに決定した。日本国民至高の総意（the sovereign will of the people）という字句は、主権の存する日本国民の総意と改められたが、「至高の」と言っても、「主権の存する」と言っても同じように sovereign に当たるのであるから、意味の上に変更があったわけではない。わたくしはこれで一応この問題は解決したと考えているのである。（和辻 一九六二c、三三六頁）

「問題は解決した」と和辻が述べているのは、ほかでもない、「国体」は断絶しているのではなく、敗戦を契機として新憲法のもとで「政体」が変わったにすぎない、ということなのだ。むしろ先の天皇の「年頭詔書」が力説していたように、敗戦によって「天皇ヲ以テ現人神」とみなすような「神話ト伝説」の「架空ノ観念」に基づく「国体」の「逸脱態」から「天皇統治の伝統」にやっと回帰した、と言いたいのである。

敗戦後、近衛文麿の要請で内大臣府御用掛として憲法改正案を起草した法学者の佐々木惣一は、占領軍主導の新憲法草案に触れて、「国体」は変更されたと主張したが、その佐々木を論駁して和辻は「天皇統治の伝統」とその本質を展開している。

和辻によれば、「同一の言語、習俗、歴史、信念などを有する文化共同体」（同書、三三七頁）としての国民の実体は、常に天皇の形象《フイギュール》において、その「生ける全体性」を表現してきたという。それは、日本の歴史を貫いて、そもそもの始まりから原始集団の「生ける全体性の表現者」だったのであり、「日本のピープルの「一全体としての統一」の表現者」（和辻一九六二b、三六四頁）だったことになる。しかも、そうした国民の総意としての全体性とそれを表現する天皇との関係は、近代的なポリティックスに伴ういかなる責任の問題からも解除されるようなやり方で設定されてきたというのである。

集団の生ける全体性を天皇において表現するということは、集団に属する人々が自ら好んでやり出したことであって、少数の征服者の強制によったものではない。（和辻　一

九六二c、三四四頁)

つまり、天皇という形象が国民の全体性を表現するのは、いわば連綿とした無窮の「皇恩」によるものであり、その祭政一致的な権威こそ、国民と天皇の関係を支える根拠にほかならない。

和辻が、天皇が「無限に深い神秘の発現しきたる通路」として神聖性を帯びると捉えたことについては言及したとおりだが、和辻の主張が、万世一系を、いわば文化という政治的に「イノセントな」衣装をほどこして復活させようとしていることは明らかである。

ところで、すぐに気づくのは、和辻が、生きた全体性としての国民共同体を何の論証もなくアプリオリに前提し、しかも奇妙にもその全体意志は、ルソー的な「一般意志」とは違って、ただ存在するだけで、「何も行わないことを意志する意志」(酒井 一九九七、一二六―一二七頁)とみなしていることである。

国民の総意が国民という集団の全体意志であるならば、それはこの集団のあるところにすでにあるのであって、改めて形成されるを要しない。わたくしが言おうとしたのは、その全体意志をいかに決定するかということなのである。投票によって代表者を選挙し、選出された代表者は議会において何ごとかを議決する。そのときにはじめて全体意志が形成されるのではない。全体意志がそのとき何ごとかについて決定されるのであ

る。（和辻　一九六二c、三三九頁）

こうして国民の全体意志は、そのまま天皇という主体の意志と無媒介に繋がっていることになる。

> 天皇がその個人的な意志をもって国民に命令するということではない。最初に集団意志が神聖な天皇を作ったのであって、ある個人が集団を征服し神聖性を押しつけたのではないように、国民の全体意志が天皇の意志となることこそ天皇の本質的な意義である。（同書、三五三頁）

和辻は、この主張を、戦後も自由に表明された国民の意志に基づいて新しい憲法のなかに再確認したのであるから、「国体」はいささかも変更を被っていない、と弁じている。

だが、ここには二重、三重の転倒が隠されている。第一に、国民の全体意志という実体は、「対象たり得ずまた眼に見えない「生きた全体性」」であるがゆえに、天皇という「対象的な眼に見える」形象において表現されなければならないにもかかわらず、天皇は明らかにひたすら「受動性の形象」（酒井　一九九七、一二七頁）だけを引き受けるように予定されている。国民の全体意志が天皇の意志になるとは、まさしくそうした徹底してパッシヴな役割を天皇が担いきることによって、はじめて可能になるはずだ。つまり天皇の具体的な身体性は、「表現者」あるいは「象徴」という抽象的な存在へと揮発することで、はじめてそのような受動的な「視られる」存在を一手に引き受けることができるのである。酒井が言うように、そうした天皇のパッシヴな存在、その「受難＝受動《パッション》の演出」が「国民の「霊的交わり＝合体（communion）」」（同書、一三六頁）の共同体を劇的に出現させたのは、あの昭和天皇の「臨終」の哀れむべき姿――フラジャイルな、その意味で審美的な感傷が向けられるべき形象においてだった。その意味で、和辻の「文化的共同体」としての「国体」は、実際にはそうした審美的な感情によって統合されたコミュニオンをさしているのである。

　第二に、このような天皇の審美的な受動性と国民共同体の実体的な全体性にもかかわらず、実は国民の全体意志が天皇に先んじて存在するのではなく、逆に天皇というフィギュールがあることではじめて何の疑いもなく国民の生ける全体性が実体として存在しているように想像される。言い換えれば、「天皇の形象が想像体としての文化的共同体＝国民を創造する」（同書、一三二頁）のであって、その逆ではないのだ。

　第三に、後に江藤淳が執拗に批判する占領下の厳しい言論統制にもかかわらず、和辻は、以上のような「国体」の本来の姿が国民の「自由に表明されたる意志」によって改めて確認された、と繰り返し強調している。江藤が戦後の「汚れ」と呼び、加藤典洋がその『敗戦後論』（一九九七年）で「ねじれ」と名づけた「後ろめたさ」の感覚は、和辻の「国民統合の象徴」を見る限り、ほとんど極小にまで縮減されている。いやむしろ、ダワーの表現を再度借りて言えば、和辻には敗戦という「奇跡」を「抱きしめ」ながら、占領軍＝米国と添い寝する姿すら浮かんでくる。そうすることで戦後も「国体」のコンティニュイティは保たれたのである——文化に「国体」の中心を移動させることで。ルース・ベネディクトの『菊と刀』（一九四六年）に触発されて登場してくる夥しい数の日本人論、日本文化論は、こうした和辻的な戦後「国体論」を培養土として生い立った文化ナショナリズムの言説であり、それは反米に向かうのではなく、むしろ逆に日米合作・談合の戦後「国体」をより強化する働きを果たしたのである。

南原　繁

このような和辻の「文化的共同体」としての戦後「国体論」に対して、それをフィヒテ的な政治哲学を通じて戦後的に再生しようとしたのが、南原繁である。

和辻と同じく帝国大学のインサイダーでありながら、戦時期の「国体明徴」的なウルトラ・ナショナリズムの暴圧に抗した南原は、戦後、貴族院議員に任命され、東京大学総長に二度も指名された。そして新聞などに掲載された南原の格調高い演説は、理想主義と国家再建への情熱を語って、戦後の「穏健左翼エスタブリッシュメントの大黒柱」（バーシェイ　一九九五、一五六頁）とさえみなされた。さらに、この「国家に仕える批判的知性の権化」が、敗戦間際、破壊された廃墟への転落を防ぎ、「国体」を護持するために終戦工作のキーパーソンのひとりになったことは、すでに述べた通りである。このような工作に手を染めた南原の動機は、単なる思いつきや、愛国心の発露からだけでなく、その政治思想の核心から理解されなければならない。それはまた、南原と戦後「国体」との関係を解く手がかりとなるはずである。

戦間期ワイマールの新カント主義の影響を受け、さらに「後期フィヒテのナショナリズム形而上学」（同書、九九頁）へと傾倒していった南原にとって、その政治哲学が取り組まなければならない最大のテーマは、フィヒテと同じく「国民的全体性」の実現だった。フィヒテと同様、南原にとって国家なき文化は虚妄であり、文化の目的は、完全な「国家性」の実現でなければならなかった。この国家哲学と理想主義の結合のなかに、南原が終生、功利的な自由主義に対する批判を緩めなかった理由がある。南原は、その政治哲学のライトモティーフを、自由と共同体、「人間自由の理念」と「政治的国家の理念」の総合に置いていたのである。日中戦争たけなわの一九三九年、南原はそうした問題を念頭に、理想化された「国体」のあるべき姿を語っている。南原は「文化の価値の自律性」を認める一方、他方では「政治的国家」に「固有の価値」を立てる必要性を訴えて、次のように述べているのである。

それには、およそもろもろの文化の基礎に横たわる人間自由の理念と、かような政治的国家の理念とを、その根底において、いかにして結合し、あるいは綜合せしめるかの困難な問題がある。そして、それはまさに現代政治哲学の根本問題であると同時に、おそらく哲学永久の課題であるだろう。

ここまで突きつめて来て最後に考えるべきことは、以上の関係から、特にわが日本について何を反省すべきかということである。日本精神は古くから皇室を中心として大八州の「国産み」、すなわち政治的国家生活に凝集して展開されて来た。それは実に日本民族の純粋な感情と意力の結成というべく、けだし、政治についてかくも深い精神的伝統をもつものは、世界に比類を見ないであろう。近時、このことが特に反省せられ、わが民族の自覚の認識が強調さるるに至ったことは重要であり、われわれはその意義を闡明《せんめい》しなければならない。そして、その間、かの全体主義とは区別して、殊に日本文化の将来の発展において期せねばならぬことは、そうした日本民族と歴史的文化への情熱を失うことなくして、その上にさらに人間自由の精神と批判的合理精神の確立にあると思われる。（南原 一九七三b、八〇―八一頁）

ここには、南原が「日本の精髄」をどこに見ていたかが鮮やかに描き出されている。それは、理想化された天皇による日本国民「統治」の悠久の伝統――つまり「国体」にほかならない。

ただし、「人種」という偽りの全体性、その「民族社会的自然主義」（南原 一九七三a、三三七頁）において「民族」の血と大地を掲げるナチス的な国家社会主義的民族主義とは違って、南原の国民性とその歴史的な個性に関する認識は、明らかにフィヒテの理想主義的な文化哲学の理念によって改鋳されていた。「民族の本質」は、何よりも「「精神」の法則において」理解されなければならず、それは民族の本質を「「文化」の本質において理解」（同書、三四〇頁）することを意味しているのである。南原は、あたかもフィヒテに自らを重ね合わせるように断言している。「単に同一種族または血族に属するということから真の同胞性または共同性は生れ出でるものでなく、それはひとり内面的精神的なもののなかから創造されなければならない。しかるに、まさにさような精神の世界における理念・文化的価値個性としての民族の本質を捉えた者は、われわれの解するところによれば、ほかならぬフィヒテであったのである」（同書、三三八頁）と。

こうして南原が引き受けようとした困難な課題は、自由主義の危機のなかでそれに対する対抗勢力として現れてきた「マルクス社会主義」と「ドイツ民族社会主義」に抗しつつ、「フィヒテの文化的社会主義」を現代的に甦らせ、その線で「国体」をより理想的な「文化共同体」にまで引き上げることだった。南原が、現代の急務は「政治的社会価値の確立にある」と呼びかけたのは、こうした意味においてである。

南原にとって「国体」は、歴史的・精神的な与件であり、「統一の歴史的原理」（バーシェイ 一九九五、一三七頁）にほかならなかった。そして、この統一の歴史的原理には、より精神的・文化的な表現が与えられなければならなかった。そうすることではじめて「国体」に「普遍的な基礎」が据えられ、「世界主義」へと総合されていく契機を見いだすことができると考えられたのである。南原が美濃部達吉の「天皇機関説」に忠実であったのはこうした「国体」の理解に立っていたからであり、その限りで南原はフィヒテよりも強固な地盤を日本の中に見いだすことが出来たと言えるかもしれない。フィヒテがドイツ国民の精髄＝

「根源性（Ursprünglichkeit）」を実体のない「国語」の精神、その純粋性に求めざるをえなかったとすれば、南原は、日本国民のそれを、すでに歴史的に生成してきた君民一体の「共同体衆民政」の理想とその文化的理念に見いだすことができたからである。しかも、「五箇条の御誓文」によって拓かれた明治維新以後の「国体」は、明らかにそうした日本国民の精神的な根源性が世界の普遍史のなかで実現されていることを意味していた。「国体」を伝統的であると同時に近代的でもある「日本」のピボットに据えるという点で、南原は和辻のようなオールド・リベラリストたちと軌を一にしていたのである。

　こうしてみるとき、敗戦は南原が戦時期の「暗い谷間」の時代に抱懐していた理想的な文化・政治哲学の構想がより「成熟」した形で実現されるかもしれない再生の秋《トキ》とみなされた。敗戦の翌年（一九四六年八月二七日）、憲法改正案をめぐる第九〇帝国議会貴族院本会議で南原は当時の吉田茂首相に対して質問演説をおこない、憲法改正にともなう君主主権と民主主義の対立を超える第三の道として「民族共同体」（「国民共同体（national community; Volksgemeinschaft）」）に基づく「共同体民主主義」の発展を唱えている。

> 　政府当局者はわれわれのいう「国民共同体」の思想に反対せず、或る場合にはそれを採って説明せる如きも、それは単に「国民」という集合概念とは範疇を異にするところのものである。政府はそれならば、むしろ進んで「民族共同体」または「国民共同体」の概念を取り入れて明確にする意志はないか。しかし、この新たな国民または民族共同

体の思想は、もはや古代神権的な要素や、中世的封建的要素は一切これを払拭するは勿論、「憧れの中心」というが如きロマン的神秘的要素をも排除して、本年当初の詔書に示されたが如き、もっぱら人間としての天皇を中核とし、国民の結合を同じく人と人との相互の信頼と尊敬の関係に置き換えたところの、新しき倫理的文化的共同体を意味するものでなければならぬ。この点においても、政府当局者はただに国体観念の変わらぬことのみいうのを止めて、むしろ進んでその変化し、時代とともに発展したこと、否、しかせしめねばならぬことを明言し、同時に憲法においてわが国の政治的権威は、かようなわが民族共同体または国民共同体に由来することを、宣明する必要があると思うがどうか。（南原　一九七三d、二二六頁）

南原は、先の天皇の「年頭詔書」に呼応して、「国体」が時代とともに「成熟」していかなければならないことを訴えているのである。南原によれば、国家は、こうした国民共同体の最高の組織体にほかならず、したがって国民共同体の中心である天皇には、国家において「それにふさわしき地位」が与えられなければならないという。ここに和辻と同じく「日本国家統一意志の表現者」（同書、二二七頁）としての天皇が登場してくるのである。しかも、それは単なる「象徴」といった漠然とした地位ではなく、国家の一「機関」としての地位でなければならない。そうすることで「法的政治的統一」が確保されることになるのである。明らかに南原は和辻的な「国民の全体性の表現者」＝「象徴」としての天皇と、美濃部的な

「天皇機関説」との総合を思い描いているのである。

こうして和辻の場合と全く同じく、南原においても、「国家統一意志の表現者」としての天皇制と民主主義は矛盾しないだけでなく、それこそが「日本的民主主義」の「成熟」を意味していた。

南原の戦後「国体」の「成熟」にふさわしい「共同体民主主義」の主張が、フィヒテの「国民的全体」のテーマに影響を受けていたことは言うまでもない。敗戦直後、南原はフィヒテの『ドイツ国民に告ぐ』を思い浮かべながら「祖国の復興」を熱っぽく語りかけているが、そこには「君民一体の日本民族共同体」とそのアイディアルな文化的理念の周りに張り巡らされた、フィヒテの言う「内的境界（innere Grenze）」の排他性が浮かび上がっている。

やがて新憲法は制定されるでありましょう。それは……あくまでポツダム宣言の条項に従い、日本国民の自由の意志によって決定せられなければなりませぬ。……日本国家権威の最高の表現、日本国民統合の象徴としての天皇制は永久に維持されるでありましょうし、また維持されなければなりませぬ。これはわが国の永い歴史において民族の結合を根源において支え来たったものであって、君主と人民のおのおのの世代の交替と、君主主権・人民主権の対立とを超えて、君民一体の日本民族共同体そのものの不変の本質であります。外地異種族の離れ去った純粋日本に立ち帰った今、これをしも失うなら

ば日本民族の歴史的個性と精神の独立は消滅するでありましょう。（南原 一九七三c、五八頁）

ここに言う「外地異種族」が、当時の「内地」に在住していた百数十万に及ぶ植民地「帝国臣民」としての韓国・朝鮮人、台湾人を意味していたことは言うまでもない。「全体的者の支持点（天皇）と永遠の統一」を保持してきた悠久の歴史をもつ「国体」を寿ぎ、その「国民の精髄（national essence）」の理念的な基礎の上に「国民的全体性」がデモクラシーとして実現される「文化国家（Kulturnation）」の、より「成熟」した時代——それが南原にとっての戦後という新しい「国体」の始まりだったことになる。だが、それは、植民地「臣民」を「外地異種族」として国境の外に放逐することで「純粋性」に回帰する排他的な単一民族的なナショナル・アイデンティティの時代を意味していた。敷衍して言えば、南原にとって、帝国へと拡大した「国体」は、多様な差異を含んだ民族や文化、言語を包摂することでその「純粋性」を「喪失」していたことになるのであり、敗戦による帝国の瓦解は、そうした「国体」の曇りを取り払って、「本来の」「純粋日本」に立ち返る絶好のチャンスとみなされたのである。ここに帝国へと拡大した「国体」が、「純粋日本」に収縮したとき、何が忘却の彼方に消えていったのかは明らかだろう。しかも、その植民地の歴史の忘却によって叶えられた「国体」の「純化」＝「成熟」は、すでに見たとおり、その生い立ちから米国という「不純な原液」をたっぷりと飲み込んでいたのである。この幾重にも屈折した戦後の「始まり」は、理想主義的な啓蒙＝「成熟」の新たな物語のなかに飲み込まれていった。

江藤　淳

和辻や南原とは対照的に国体の「成熟」を、逆にその「喪失」へと反転させて深く銘記したのは、文芸評論家の江藤淳である。

江藤にとって戦後とは、日本人の心理の根底までもが改変され、原形をとどめないほどに無惨にも作り替えられてしまった時代を意味していた。江藤が敗戦と占領のあいだの閉ざされた年月に異常なほどの関心を抱き、占領軍の言論統制と検閲の実態に迫ろうとしたのも、この時期こそ、日本人の羞恥心と誇りが根こそぎに強奪されてしまった屈辱の「はじまり」にほかならなかったからである。それは、敗戦にもかかわらず残存していた国体の「原風景」がアメリカ的な「人工」の押しつけによって荒廃していく、取り返しのつかない「喪失」の「はじまり」だった。後にみるように、この「喪失」を江藤は〈自然〉を否定する「母性」の崩壊」として描いてみせた。高度成長真っ盛りだった一九六〇年代の江藤による印象的な文芸批評集『成熟と喪失』（一九六七年）の副題でもある「〝母〟の崩壊」は、裏返して言えば、「〝父〟＝〝国家〟（国体）の喪失」を語っているのであり、ここに戦後という「〝閉された言語空間〟」（江藤　一九八一a、一〇七頁）に対する江藤の基本的なスタンスがよくあらわれている。それは、敗戦と占領を、過去に対する深い悔恨と未来に対する溢れんばかりの期待感とともに引き受け、大日本帝国の「実在」よりは戦後民主主義の「虚妄」に賭けると言い放った丸山眞男のそれとは余りにも際だった違いを示している。丸山のいう「永久革命」としての民主主義など、煉獄の業火で焼かれるような「永遠の喪失」以外の何ものでもなかっただろう。

実際に江藤が占領軍「民間検閲支隊（Civil Censorship Detachment）」の事前検閲の対象となった河盛好蔵の『静かなる空』について解説しているように、戦後という「〝閉された言語空間〟」のはじまりには「眼に見えぬ高く厚い「牢獄」の壁」（同書、一〇八頁）がめぐらされていたという。

ただし、江藤によれば、「〝戦後〟の原点」にはそうした壁はどこにも見あたらなかった、少なくとも「敗戦に直面した「国民の大部分」」の意識には。それはあらまし次のような光景だったと江藤は主張している。

静かなやうでありながら、そこには嵐があった。国民の激しい感情の嵐であった。広場の柵をつかまへ泣き叫んでいる少女があった。日本人である。みんな日本人である。この日正午その耳に拝した玉音が深く深く胸に刻み込まれているのである。……泣けるのは当然である。群衆の中から歌声が流れはじめた。「海ゆかば」の歌である。一人が歌ひはじめると、すべての者が泣きじゃくりながらこれに唱和した。……天皇陛下、お許し下さい。天皇陛下！　悲痛な叫びがあちこちから聞こえた。一人の青年が起ち上がって、「天皇陛下万歳」とあらん限りの声をふりしぼって唱和した。……あすもあさっても「海ゆかば……」は歌ひつづけられるであろう。民族の声である。大御心を奉戴し、苦難の生活に突進せんとする民草の声である。日本民族は敗れはしなかった。

この「玉音放送」の明くる日の朝日新聞の記事を引用して江藤は、「すべてはここからはじまった」のであり、「昭和二十年八月十五日が〝戦後〟の原点だったとするなら、そこにはこのような光景が隠されていた」（江藤 一九九六、一五一―一六頁）と言う。この真の〝原点〟とも言うべき「国体」意識を忘却し、そして忘却へと誘導していくプロセスこそ、敗戦と占領の忌まわしい時代にほかならなかった。

江藤のみる限り、真の〝原点〟が忘れられずに「日本人」のなかに刻み込まれていたとき、戦勝国と敗戦国は国際法上、対等な交渉相手であり、その限りで日本の敗戦は「有条件降伏」だったことになる。そこには勝者とのギリギリの激しい交渉の余地が残されていたのであり、そのためにも国内の分裂を避けることが、交渉の、したがって「日本国」の主権（＝国体）の帰趨にとって決定的な意味をもっていたことになる。その意味で、江藤の目からすれば、「終戦の第一歩」から武器なき「戦争」が始まっていたと言える。「忘れさせられて来た」「〝戦後〟の原点」が物語っている通り、その決定的な瞬間に「日本人」は「異常に平静」で、国民と政府は一体となり、「威武不屈、秩序整然」として「進駐連合軍」と相対峙していたという（同書、八〇頁）。つまり、「国体」意識は「日本人」の中で微動だにせず健在だったと言うのである。まさしくそうであるがゆえに「銃剣の行使と命令の通達」による占領軍当局の「日本人」に対する破壊作用が組織的に展開されなければならない理由があった、と江藤は言う。その破壊作用は、言論統制や検閲にとどまらず、「忘却」と「錯誤」、新しい「神話」の捏造となって、戦後の永きにわたり「日本人」を「被占領心理」の桎梏の中に閉じこめてきた。

降伏が〝無条件降伏〟であり、占領が連合軍最高司令官の「権威の範囲に対する日本人の質問を許」さない「征服ニヨル占領」だという解釈は、占領軍が武力と言論統制によって日本人の脳裡に注入しようとした「通俗ノ見解」にすぎなかったのである。われわれは真実を忘れ、かつ忘れさせられて来た。そして巧妙に仕組まれた忘却のうちに安住しながら、偽りの歴史によって今日まで生きて来たのである。（同書、一六七頁）

江藤にとって戦後とは、極論すれば、「戦勝国」＝「アメリカ」によって「監禁」（江藤一九八一a、一〇九頁）され、「他人が書いた物語」のなかで「偽りの歴史」を生きてきた半世紀のことなのである。したがって戦後を「国体」の新たな「成熟」の時代として歓迎した和辻や南原は、「〝開かれた言語空間〟が出現した、という幻想と擬制」（同書、一一〇頁）に惑溺して、「他人の物語をおうむ返しに繰り返し」（江藤一九八一b、二九頁）ていたことになる。江藤によれば、「他人の物語」を借用してその枠の中で生きることなど、「民族」の、そして「国体」の滅亡以外の何ものでもないのだ。

こうして江藤が何を再生させようとしているかは明らかである。それは、「日本側の立場に準拠して、あの戦争についての物語を語ろう」（同書、三一頁）とすることにほかならない。江藤は憤激を交えて次のように反問している。

敗北した国の国民は、戦勝国の最高司令官や大統領の手前味噌を、永久におうむのように繰り返しつづけなければならないというのだろうか？　それならあまたの戦争で死んだ多くの日本人の霊は、誰によっても思い出されることもないのだろうか。広島と長崎の死者については特別に思い出してもよいが、それ以外の死者については思い出してはいけないというのだろうか？　誰がそんなことを決めたのだろうか。そして、思い出そうとする努力に悪罵を放つ人々は、誰からそのような権利を付与されたと信じているのだろうか？（同頁）

「自分の物語の発見」を唱える江藤の主張が、「（国民の）歴史は物語」であり、自前の物語を作り出し、「他人の物語」を生きる「被虐的な歴史観」を乗り越えなければならないとする「歴史修正主義」と平仄を同じくしていることは、ここでは問わない。ただ江藤が決定的に見落としていることをあらためて明らかにしておきたい。

まず第一に、すでに述べたことではあるが、戦後は「戦勝国」の絶対的な超越的権力の行使によって作られたわけではない、ということである。むしろ戦後「国体」は、「新植民地主義的な改革」の形をとりながらも、日米間の「合作」、相互介入によって実現されたハイブリッドな体制だったのである。その意味で、戦後「国体」とその歴史は、決して単なる「他人の物語」ではなかったのだ。

第二に、江藤が忘却の彼方から呼び寄せようとした「〝戦後〟の原点」における日本人の一枚岩的な「国体」意識の発露とは裏腹に、敗戦について「単一の、もしくは特殊例外的な「日本人特有」の反応があったわけではない」（ダワー二〇〇一、(上)九頁）のだ。むしろ逆に、敗戦についての反応は、ダワーの表現をかりれば、「まるで万華鏡をのぞきこんだかのように多彩で千変万化していた」（同書、(上)一二頁）のである。「パンパン」から闇市の商売人、カストリ雑誌の読者やデカダンスの作家や評論家、大衆的なヒーローや政治家、官僚、新宗教の信者にいたるまで、実に様々な濃淡の違いに溢れた敗戦への反応が混沌として噴出していた。江藤が理想化した皇居前の荘厳な悲しみの光景は、そうした混沌のなかのひとつの点描にすぎない。そこには「日本人である。みんな日本人である」という自己同一的なナショナル・アイデンティティの同語反復など吹き飛んでしまうような「むきだしの生」の諸問題が溢れ出していた。その抜けるような「解放感」は、やがて冷戦下の「超政府」の方針転換とそれを受け継いだ「天皇制民主主義」と官僚制の「合作的な」束縛と抑圧によってかき消されていくことになるとしても、一瞬の閃光のように燃焼した「解放空間」が現出したことは否定できないだろう。

最後に指摘しておかなければならないのは、江藤が戦争と敗戦、占領の歴史的な結果に対してほとんどイノセントな感覚を持ち続けていることである。そして、そのイノセントな感覚は、より深い「被害者意識」に根ざしている。つまり、自分たち（＝「日本人」）には本来咎があるはずもないのに何の因果か責任を負わされ、苦悩を強いられている、そんな被害者意識の懊悩が横溢しているのだ。この点はエッセイ「『静かなる空』と戦後の空間」のなかで江藤がその全文を紹介している河盛好蔵の『静かなる空』の次のような慨嘆のなかに、よくあらわれている。

それにしても、このやうな劫罰を受くべきいかなる罪悪を私たちは犯したのであろうか。（江藤　一九八一a、九九頁）

河盛は自らの出身階層に言及して、そのイノセントぶりと苦悩をルサンチマンをこめるように吐き出している。

殆んど半生に亘って深刻な失業難に苦しみ、左翼思想の嵐に吹きまくられ、次では粗暴にして退廃的且虚無的な愛国主義、尊皇思想に生命を脅かされてきた私たち三十代、四十代に属する誠実な無産知識階級、所謂ホワイト・カラー階級の人間が、いかに物質的、精神的な苦難に堪えてきたかは、幸福なアメリカ人にとっては理解を絶する事がらであろうと思はれる。しかもこんどの戦争に於いても最も苦しめられたのはかかる階級

に属する人々であった。（同書、一〇一頁）

江藤が河盛に自らのイメージをダブらせていることは明らかだ。この懐疑を知らないイノセントさと被害者意識こそ、ある意味では「善悪の彼岸」にある「国体」への素朴な帰依の「成果」だと言えるかもしれない。河盛が、そして江藤が、自分たちの苦悩は「幸福なアメリカ人」には到底理解できないはずだと断言するとき、「不幸なアジア人」は視界から完全に消去されていることは明らかだ。この「消失のメカニズム」（ダワー二〇〇一、(上)一三頁）によってはじめて、江藤たちは「国体」の「喪失」を慷慨する立場に自らを置くことができたのであり、そしてそのことをも「消失」させてしまうところに「国体」意識の言説効果が発揮されているのである。だからこそ、そこには戦争の責任の消失に対して痛痒を感じないどころか、むしろ戦争の惨禍と敗戦を「不運」としか感じられない実感だけが肥大化しているのである。「どうして僕はこんなに運が悪いんだろう」――この河盛の弟が臨終の間際に語ったという自問は、おそらくは河盛の、そして江藤の、さらには彼らに共感する「日本人」の実感ではないか。その「他者」なき実感的な哀悼の共同性こそ、江藤が「日本人」のあるべき姿とした「〝戦後〟の原点」であったし、またそれが形を変えて昭和天皇の「大喪」のなかに忽然として再現されたことは、すでに触れた通りである。

こうした屈折した「消失のメカニズム」ゆえに、歴史の責任は江藤の場合、「近代文明」に、そしてその純粋培養としての「アメリカ」的なるものにすべて還元されてしまわざるをえない。

江藤は、これまた米軍検閲の対象となった竹山道雄の「ハイド氏の裁き」（昭和二二（一九四七）年に『新潮』一月号に掲載予定だった）を敷衍して、裁かれるべき「真の戦争責任者」は「近代文明」にほかならないと断言している。この「近代文明」は、西欧やアメリカのような「富裕な家の客間にあるときは実に賛嘆すべき立派なジーキル博士」（江藤 一九八一c、一五九頁）の優美さを示すのだが、それがいったん日本のような「持たざる国」、「国際的貧民窟」（同書、一六二頁）に足を踏み入れるや、「ハイド的なる姿」（同書、一五九頁）に変貌し、「暗黒な魔物」（同書、一六〇頁）と化してしまうという。その意味で、戦争の惨禍の責任は、この「ハイド的な」姿に変貌した「近代文明」に求められなければならないのである。ここには、日本はむしろその「犠牲者」であることが仄めかされている。「極東国際軍事裁判」（「東京裁判」）は、その「犠牲者」としての「ハイド氏」を再度「ジーキル博士」が裁く「近代文明」の奇妙な蛮行の儀式として描かれているのである。

しかも、この奇妙な倒錯は、それだけにつきない。江藤によれば、戦後とは、そうした「ジーキル博士」に限りなく自らを近づけていく「成熟」の営みの時代だとされたからである。それは、「おそるべき近代人」だったナチスとは違って、まだ「太古の心」をもっていた「日本人」に農耕定着的な社会の「母性原理」の「破壊」をもたらすことになったという。もし「太古の心」があの宣長的な「随神」の世界を暗示しているとすれば、江藤が『成熟と喪失』で語ろうとしているのは、「アメリカの衝撃」によって暴力的に闖入してきた

「近代」が「太古の心」に通じる「母性」を破壊していく、荒涼とした戦後の光景である。しかも『成熟と喪失』で江藤が取り上げている小島信夫の『抱擁家族』のなかの三輪時子がそうであるように、このアメリカの顔をした「近代」(「ジョージ」＝「情事」?)を戦後の「日本人」は自ら進んで自分たちの「家」に招き入れたのだ。

「アメリカ」という運命的なStranger、その象徴でもある「ジョージ」との「情交」を通じてキラキラと輝く「近代」をわがものにしようとした時子は、自ら進んで「母性」という自然を破壊し、「娼婦」に変貌していく。その結果として残ったのは、「人工」で塗り固められた虚構の「家」(「セントラルヒーティングの家」)という名の「残骸」(「家」＝「日本国家」)である。主人公の三輪俊輔が妻・時子のなかに幻視しようとしていた農耕定着的な社会の母子相姦的な安定した関係は砕け散っていた。

日本社会の原型を農耕文化の母性原理にみて、「アメリカ」という運命的な「他者」の文化を超越的な父性原理において総括する江藤の比較の方法はあまりにも陳腐である。だがその陳腐さを十分承知の上で江藤が語りたいことに耳を傾けてみると、そこから聞こえてくるのは、敗戦をもたらしたStrangerとしての「アメリカ」(＝「ジョージ」)の背後に峻厳な「父(性)」があり、絶対的な「他者」としての「神」があることを発見したおののきと怖れの声である。敗戦と占領を通じて怒濤のように島国を席巻した「アメリカ」という「近代」の鋭い刃によって「日本民族の故郷」であるような「妣《ひ》の国」の心はずたずたに切り裂かれてしまったことになる。

占領が法的に集結したとき、日本人にはもう「父」はどこにもいなかった。そこには超越的なもの、「天」にかわるべきものはまったく不在であった。もしその残像があれば、それは「恥ずかしい」敗北の記憶として躍起になって否定された。この過程はまさしく農耕社会の「自然」＝「母性」が、「置き去りにされた」者の不安と恥辱感から懸命に破壊されたのと表裏一体をなしている。先ほどいったように、今や日本人には「父」もなければ「母」もない。そこでは人工的な環境だけが日に日に拡大されて、人々を生きながら枯死させて行くだけである。（江藤　一九九三、一五一頁）

「父」もなく「母」もなく、ただひたすら「人工」だけが〈自然〉を荒廃の極みに追いやる世界とは、どんな世界だろうか。ここにはある意味で植民地化された社会にもないような屈辱感と喪失感が吐露されている。しかも、戦後は、『抱擁家族』で描かれたように、キラキラと輝く「アメリカ」、「近代」に一歩でも近づくべく、嬉々として「自己植民地化」にうつつをぬかす悲喜劇を演じてきたのである。

このような江藤の深い嘆息と絶望のなかには何があるのだろうか。戦争に自分たちが負けたのは「父」の不在のせいであり、この「父」＝「国家」の不在を嘆けば嘆くほど、江藤の中にそれに対する憧憬はより強まっていかざるをえない。それは「正統」なるものの不在に対する不安を物語っていると言える。「正統」なるものが見えにくくなっただけでなく、それが不在である光景——それが江藤にとっての戦後の「人工」世界ではなかったか。そこには秩序も権威もなく、「生きながら枯死」していく生をいきるしか方法がないことになる。これに耐えられるはずはない。だとしたら、どうしたらいいのか。答えはすでに述べた通りである。作家が「自己と全体とを結びつけるきずなを、叙事詩の記憶のなかに深く探ろう」とするように、「日本人」は、国民の叙事詩としてのナショナル・ヒストリーのなかに「個と全体とを貫く自己の姿」（江藤 一九八一b、三〇頁）を見いださなければならないのである。それが「国体」とその歴史としての「自分の物語」であることは言うまでもないだろう。

時代は「失われた二十年」を経て江藤のエピゴーネンたちが跋扈しつつある。「ヒットラーの息子」ならぬ「皇国の息子」たちが「自分たちの物語」を声高に臆面もなく語り始めた現在、江藤はどんな気持ちでそれを聴いているだろうか。少なくとも「近代」の奥に潜む深い寂寥感など解さないあっけらかんとした歴史修正主義に苦虫を嚙みつぶしているのではないか。

丸山眞男

江藤が「アメリカ」の顔をした「近代」しか思い描けなかったとすれば、その「アメリカ」をも超え出る「永久革命」としての「近代」を課題にしたのは、丸山眞男である。

戦後の知識人のなかで、丸山ほど「国体」にこだわり続けた思想家はいない。先に紹介した戦後論壇へのデビュー作「超国家主義の論理と心理」以来、丸山の畢生の課題は、この「国体」的なるものとの格闘の歴史だったと言っても言い過ぎではないだろう。

しかし昭和天皇死去の異様な「自粛の全体主義」のなかで丸山自らが回想しているとおり、「国体」としての天皇制に対する基本的なスタンスは、戦後の印象とは裏腹に、決して否定的な評価ではなかった。むしろ恭順と愛着の情さえ抱いていたことは、自ら率直に告白している通りである。それは天皇重臣リベラリズムの立場であり、その意味で和辻や丸山の師・南原とさほどの径庭はなかった。もっと具体的に言えば、丸山は「国体」としての天皇制のなかの「半身」の部分、つまりそのより「合理的」＝「近代的」な立憲主義の側面を拡大していくことに「国体」の近代の可能性を発掘しようとしたのである。すでに述べたように、「憲法／（教育）勅語」体系としての「国体」は「作為的〈自然〉」という矛盾した性格を有していたが、丸山はその「作為」的な「近代性」の微かな命脈に「国体」のあるべき姿を読みとろうとしたことになる。

すでに天皇機関説批判が渦巻き、「国体明徴」運動が「帝国のインサイド」である象牙の塔（帝国大学）まで容赦なく侵しつつあったころ、丸山は総力戦体制の構築が、「国体」の「近代性」をよりドラスティックに実現できる好機になるかもしれないと予感していたように思える。二・二六事件の年、東京帝国大学法学部「緑会」懸賞論文「政治学に於ける国家の概念」（一九三六年）は、次のような力強いマニフェストで締めくくられている。

我々の求めるものは個人か国家かの Entweder-Oder の上に立つ個人主義的国家観でもなければ、個人が等族のなかに埋没してしまう中世的団体主義でもなく、況や両者の奇怪なる折衷たるファシズム国家観ではありえない。個人は国家を媒介としてのみ具体的定立をえつつ、しかも絶えず国家に対して否定的独立を保持するごとき関係に立たねばならぬ。しかもそうした関係は市民社会の制約を受けている国家構造からは到底生じえないのである。そこに弁証法的な全体主義を今日の全体主義から区別する必要が生じてくる。（丸山一九九六c、三一頁）

ナショナリズムの情念をデモクラシーの論理で鍛え上げ、そしてデモクラシーの論理をナショナリズムの情念で燃焼させる、いわばルソー＝ジャコバン主義的な「弁証法的全体主義」の秩序形成のチャンスが到来しつつある、と丸山は密かに期待していたのではないか。それは、近代的自由（主体的自由の論理）と国家秩序とが内面的に結合した「合理化」されたナショナリズム（国民主義）を、総力戦をテコにして確立しようとする危うい試みでもあった。

丸山のみるところ、ナショナリズムがデモクラシーとの結合を放棄し、それが国民的主体の内部に規範化されないとき、そのツケは総力戦体制の内部からその基盤を蚕食し、ひいては「国体」そのものの「死に至る病」になりかねなかったのである。そのツケがどんな悲喜劇となってあらわれたかについては、次のような具合だった。

大政翼賛会が例の東条翼賛選挙の際、各地で演じた紙芝居のなかには、「縁故や情実による投票の悪弊を断乎廃して国家公共の見地から候補者を選択せよ」という、皮肉にも近代的選挙の精神に通ずる趣旨が繰返し説かれていた。これらはいずれも日本帝国の支配層がナショナリズムの合理化を怠り、むしろその非合理的起源の利用に熱中したことによってやがて支払わねばならぬ代償であった。彼等は国家総動員の段階に至って初めてその法外の高価に気づいたが時はすでに遅かった。（丸山 一九九五e、七〇頁）

結局、戦後から振り返ってみれば、戦時期に進行した事態は、「外見的立憲制（Schein-konstitutionalismus）」のもとで絶対主義的－寡頭的体制がそのままファシズム体制に移行していく「上」からのなし崩し的な超国家主義の出現にほかならなかったことになる。だが、戦時期において丸山は、「外見的」ではあれ、「国体」のなかに充塡された「近代的」契機をより膨らませ、ナショナリズムとデモクラシーの結合を「組織的な国民的基盤」にまで押し広げる可能性を必死に探り続けたのである。それは、「近代」の微弱な橋頭堡を足場に、いわば「逆－国体明徴」運動を仕掛けることにも等しかった。そして、その千載一遇の好機を近衛新体制のなかに読み込もうとしたのである。

吉本隆明が丸山の資質も方法も才能も欠陥もすべてそこにふくまれていると語った『日本政治思想史研究』を、そのアカデミックな専門研究の形式だけに目を奪われずに一九四〇年の新体制と翌年の日米開戦のコンテクストのなかに位置づけてみるとき、その生々しいアクチュアルな動機が浮かび上がってくるはずである。すなわち、丸山は、荻生徂徠が「先王」＝封建的絶対君主の主体的人格《ペルソーン》に託した近代的な〈作為〉の論理をカール・シュミットの決断主義の思想を通じて呼び出すとともに、その「魔物」をフランス革命以来の近代的な国民主義《ナショナリズム》の中に囲い込もうとしたのである。そうすることで、具体的な政治的決断の「主体的媒介者」を通じて国民の能動的な参加＝再組織化（ナショナリズムとデモクラシーの結合）が達成されうると考えたからである。少なくとも、そこに微弱ではあれ、最後の一縷の望みとなる「歴史のなかの理性」が残されているに違いない、と丸山は考えたのではないか。だからこそ丸山は、一九四〇年に書かれたあるエッセイのなかで、シュミットと蘐園《けんえん》学派の俊英・太宰春台の口吻を借りて、近衛新体制への期待を仄めかしたのである。

> 一体法則というのは反覆性を本質とする。だからそれは同じ現象が繰返される状態つまり安定状態を前提としている。一旦安定状態が破れて非常状態に移ると、もはや法則は多少とも妥当性を失う。具体的状勢に即した具体的処置のみが事態を救いうる。ナチスの政治学者カール・シュミットはこれを「例外状態における政治的決断」と呼んでここに偉大な政治的転換の契機を見出しているが、春台もやはり「事ノ上ニ在テ、常理ノ外ナル」場合を重視して、「理ヲ知テ勢ヲ知ラザレバ大事ヲ行フコト能ハズ」と言っている。だから逆に言えば統制が経済法則を顧慮しなければならない間は、その統制はた

かだか旧経済機構の修繕の意味しか持たず、それ自身新しい経済体制樹立という「大事」の主体的媒介者たりえないわけだ。従来の統制は客観的には前者の範疇に属するに限らず恰《あたか》も後者に属するが如くに振舞ったところから色々の困難や摩擦が発生したのだろう。幸い近衛内閣の下に漸く後者的意味での統制確立の機運は熟して来た。（丸山　一九九六ａ、三一二―三一三頁）

この一九四〇年のはじめ、欧州情勢は急変し、電撃戦を開始したナチス・ドイツは破竹の勢いでヨーロッパを制圧するとともに、東南アジアの蘭印・仏印の植民地体制は動揺し、日本帝国の南進政策への絶好のチャンスが訪れようとしていた。それは大陸での戦線の膠着をうち破り、新たに南方を含む広域的な生存圏をうち立てる「大東亜共栄圏」構想と、それに対応する国家革新のための新体制運動が始動し出した時だった。丸山の期待は、そのような帝国としての「国体」の空前の拡大に眼を向けるというよりは、むしろ具体的な政治的決断の主体を媒介者にしてフランス革命以来のルソー＝ジャコバン主義的なデモクラシー＝ナショナリズム（国民主義）の近代的なプロジェクトを一挙的に実現することにあったと思われる。だが、先の丸山の引用にも触れられている通り、「色々の困難や摩擦」がそれを阻んでいた。

丸山によって秩序のオプティミズムと救いがたい混乱の中間にある「限界状況（Grenzsituation）」とみなされた一九四〇年、「東亜共同体」を掲げた近衛の有力なブレーンであった三木清は、統制経済を空洞化させる「困難や摩擦」について厳しく言及している。

統制は社会的に訓練された国民を必要とする。恰も精巧な機械においてのやうに、部分部分が鋭敏に働き得るのでなければ、統制は完全に行はれ得ない。しかるに我が国においては自由主義が十分に発達しなかつたといふ事情によつて、国民に社会的訓練が欠けている。かくて統制に対する封建的回避がさまざまな形で見られる。（三木 一九六七a、三四八頁）

「封建的回避」とは例えば、出征兵士の送迎に模範的な愛国心をもって応える「同じ人間が、家に帰ると、国家のことはまるで忘れてしまつたかのやうに、買い溜め、売惜しみ、闇取引」（三木 一九六七b、四〇七頁）に平然と精を出している有り様をさしている。それは、丸山の構想した「弁証法的な全体主義」の否定そのものだった。そして三木が指摘した通り、満州や「支那」の現実は、「内地＝日本」の縮図であり、また「拡大図」（同書、四〇三頁）にほかならなかった。とくに「東亜民族ノ団結ニ先蹤ヲ示ス所」と言われた朝鮮半島では、事態はもっと深刻だった。総督府の戦争動員政策に非協力的な「流言蜚語」や「不穏言動」が「封建的な」民衆意識と結びついて、「内鮮一体」を内側から脅かしつつあったからである。さらに半島に徴兵制がしかれた一九四四年以降、「日本人的感情、情操」までそなえた「帝国軍人」（宮田　一九八五、七六頁）を作り出そうとした「皇民化」政策は無意識の構造にまで喰い入ろうとしたが、「完全な日本人化」を強要すればするほど「朝鮮の歴史が、文化が、言葉が、習慣が、その思考様式から、はては食物の嗜好の違いまでが、今や姿なき巨大な「敵」となって」（同書、七三―七四頁）、「帝国」的国民の総力戦に対する見えない「困難と摩擦」になっていたのである。

　こうして丸山の淡い期待は、もろくも砕け散っていくことになった。帝国内のきしみとともに、「軍財再抱合」の滔々とした流れのなかに皇道主義、さらには超国家主義が覆い被さり、国家革新の、国民再組織化のか細い命脈は尽き果てていた。丸山が「平壌」に応召された頃、帝国は破綻の道をひた走っていたことになる。結局、「忠実だが卑屈な僕従」としての「国民」（＝「帝国臣民」）には総力戦体制のどこにも能動的・主体的な位置が与えられないまま、破局の影は確実に忍び寄ろうとしていた。それは、丸山の目から見れば、ナショナリズムの「近代化」を怠り、それとデモクラシーとの結合を果たせなかった日本における「近代」の不徹底の結末にほかならなかった。徳川幕藩体制の支配的なイデオロギーの分解過程のなかから湧出し、明治国家（「国体」の近代）によって開削された近代的な「主体的作為の論理」は、「やがて再び巨大なる国家《レヴァイアサン》の中に呑み尽くされ様」とし、「「作為」の論理が長い忍苦の旅を終って、いま己の青春を謳歌しようとしたとき、早くもその行く手には荊棘の道が待ち構えていた」（丸山　一九九六d、一二四頁）という『日本政治思想史研究』の結末は、戦時期の丸山の痛切な実感だったはずだ。

こうして敗戦を巨大な転換点として、丸山の戦後はその荊棘の道をもう一度登り直してみることにほかならなかった。ただし、戦前のように「国体」の近代を基本的なフレームワークにして、そのなかでナショナリズムとデモクラシーの内的結合を達成するのではなく、むしろその枠組みそれ自体を否定し、より「近代」の純化された形態を、「永久革命」としてのデモクラシーに託す形で実現しようとしたのである。

もちろん、「国体」としての天皇制との訣別は決して平坦な道ではなかった。

> 敗戦後、半年も思い悩んだ揚句、私は天皇制が日本人の自由な人格形成——自らの良心に従って判断し行動し、その結果にたいして自ら責任を負う人間、つまり「甘え」に依存するのと反対の行動様式をもった人間類型の形成——にとって致命的な障害をなしている、という帰結にようやく到達したのである。（丸山 一九九六o、三三五頁）

丸山の「回心」が敗戦翌年の「憲法改正草案要綱」の発表を決定的なキッカケとしていたことは、すでに述べた通りである。そして、その決定的な表明が、あの「超国家主義の論理と心理」となって結実したのである。それは自らの内なる天皇重臣リベラリズム的な感性との相克のうちに辿り着いた、丸山の戦後の「原点」のマニフェストでもあった。この意味で丸山は、和辻とも、さらには南原とも違う別の道を歩み出したのである。

そしてもちろん、丸山は江藤らとも対極的な「戦後」の理念を描いていた。丸山は、江藤が「他人の物語」として排斥した（米国の）「人工」的な「近代」とは違った、もうひとつの「近代」を「自分たちの物語」にしようとしたからである。その「近代」の理念とは、未来のあるべき秩序を「心像（Bild）」のうちにもち、それに向けて絶えず決断的に「投機（project）」していく作為的な主体を指している。それは、確かに「分裂せる意識」の「不幸」と裏腹である。だが、そこにこそ、主体の「自由」がはじめて花咲くのであり、近代的な国民主義《ナショナリズム》はそうした主体なしには成り立ちえないのである。丸山はそのことを『日本政治思想史研究』のなかで、新カント派のヴィルヘルム・ヴィンデルバントの『プレルーディエン』に託して披瀝している。

吾人は……あの様に無垢な階調が、もはや吾人に不可能であることを悲しむ必要はない。吾人は既に選択すべきではなく、ひたすら理解せねばならぬ。即ちかの無邪気さは既に失はれたということ、ギリシア人が美しい幻想として持っていたものを、吾人は代りに反省として持っているということを明白に知って置く必要があるのである。（丸山一九九六b、一九〇頁）

江藤が「近代」としての「戦後」のなかで喪失されていくばかりだと慨嘆した母性的な〈自然〉のイノセントさへの郷愁など、丸山の目にはもはや幻想の残りカスとしか映っていなかった。いや、それだけではない。そうした幻想の装置としての心情的な天皇制＝「国体」の裏側にひそむ残虐さと没主体的な矮小さこそ、まさしく超国家主義の根深い病理を物語っていたのである。

江藤が竹山道雄の「ハイド氏の裁き」に言及して述べている「おそるべき近代人」としての「ナチス」に対する「太古の心」を失わなかった日本の軍国主義者のモデレートな感性という対比は、丸山にかかると全く逆転してしまう。それはシニックな毒を含んだように描写されている。

彼ら〔戦犯裁判の被告〕に於ける権力的支配は心理的には強い自我意識に基づくのではなく、むしろ、国家権力との合一化に基づくのである。従ってそうした権威への依存性から放り出され、一箇の人間にかえった時の彼らはなんと弱々しく哀れな存在であることよ。だから戦犯裁判に於て、土屋は青ざめ、古島は泣き、そうしてゲーリングは哄笑する。後者のような傲然たるふてぶてしさを示すものが名だたる巣鴨の戦犯容疑者に幾人あるだろうか。同じ虐待でもドイツの場合のように俘虜の生命を大規模にあらゆる種類の医学的実験の材料に供するというような冷徹な「客観的」虐待は少くも我が国の虐待の「範型」ではない。彼の場合にはむろん国家を背景とした行為ではあるが、そこでの虐待者との関係はむしろ、「自由なる」主体とも の (Sache) とのそれに近い。(丸山一九九五c、二七頁)

今日からみれば問題の多い辛辣な表現ではあるが、丸山のねらいは、「主体的な自由」、したがってそれに対応する責任の意識を曲がりなりにもくぐり抜けたナチスを鏡にして、日本軍国主義、ひいては「国体」の「小心翼々」とした退嬰的な性格を映し出すことにあった。なぜなら、そこではすべてが「究極的価値たる天皇への相対的な近接の意識」によって決定されるからである。それは、丸山によれば、「国体」の近代が微弱なりともそのなかに胚胎させた「作為的な主体」の論理を窒息させ、ナショナリズムの合理化を怠ったことの必然的な結果にほかならなかったからである。

こうして丸山は、「近代的人格の確立という大業」に「魯鈍に鞭打ってひたすらこの道〔「近代」〕を歩んで行きたい」（丸山一九九五a、五頁）と宣言したのである。

だが、「配給された民主主義」を途絶した日本における「近代」の微弱な「伝統」のなかに着床させようとする必死の努力にもかかわらず、すでに反動の巨大な歯車が回りつつあった。「実在」としての大日本帝国は崩壊したにもかかわらず、一身を賭けてみるべき「虚妄」としての戦後民主主義は、すでに冷戦下の「日米談合体制」の重圧のもとで打ちひしがれようとしていたのである。

丸山が戦後民主主義の「虚妄」に決断主義的に一身を擲とうとした様は、ある意味でヒロイックであると同時に、どこかで挫折をあらかじめ宣告されていたと言えるかもしれない。それは、泥濘に沈みつつあるわが身を、その頭髪を摑んで自らの力でそこから引きずり出すような、ほとんどアクロバティックな作業を意味していたからである。もちろん、朝鮮戦争の衝撃がくすぶり、高度成長の恩恵がまだ社会のなかに均霑《きんてん》されていなかった頃、「新憲法」をはじめとする戦後民主主義の理念は、「単なる護符」ではなく、多くの日本国民のなかに実感として息づいていた。そして丸山は、いわば「アメリカの顔」をした「近代」が、民主主義の仮面を被った新たな「全体主義」の恐怖（丸山 一九九八d、二三五頁）をもたらしかねないことを悟るようになる。それを実証したのが、盟友ハーバート・ノーマンを死に追いやったマッカーシズムの赤狩り旋風だった。自由と民主主義を標榜する社会の「信仰告白《クレド》」が異端に襲いかかるテロリズム。この「近代」のなかに生み出される「全体主義」は、その核心を茫漠とした厚い雲層のなかに包みつつ、異端や異質の排除という点では「峻烈な権力体」（丸山 一九九六f、二一七頁）の本性をいかんなく発揮した「国体」のテロルと同様に、いや後者が瓦解した戦後となっては、きわめて重大なテーマとなって浮上してきたのである。

ここに民主主義を主体的な国民主義の全体性に無媒介に直結させようとした戦時期のプロジェクト（「弁証法的全体主義」）は後景に退き、むしろ「自由の弁証法」が前景に押し出されてくるようになる。それは、要約すれば、民主主義を「自立した個人」の「遠心的・結社形成的」（丸山 一九九六h、三八四頁）な公共性と接続させつつ、多元的な価値の競合的な共存に支えられた「開かれたナショナリズム」を模索することを意味していた。

このようなプロジェクトは、戦後の原像の幾重にも屈折した歴史によって多難な前途を覚悟しなければならなかった。

一方では沖縄を「本土」から切り離して米軍政下に差し出すとともに、非軍事化＝民主化を「受動的」に容認することで戦時体制と戦後体制を媒介することになった天皇制は、他方では「国民の意識下の「帝国の象徴」」（三谷 一九九七、七五頁）として残存することになったからである。この戦後「国体」が米国というより上位の国際的な権力との「合作」によって創出された経緯は、すでに述べた通りである。このような内外の屈折した構図は、戦後最大の「権力のブローカー」だった吉田茂が「戦前期と戦後期とを橋渡しするための恰好な中軸」となった点に、よく象徴されている。この点をジョン・ダワーは辛辣にも次のように指摘している。「大日本帝国の意識を反映する吉田は、帝国主義（および王制主義）意識一般の多くの面を体現していた。そのような素質と態度をもった吉田が第二次大戦後に権力の頂点にのぼるのを妨げなかったことは、戦後日本の政治と社会ばかりでなく、そうした人物の生き残りと存続とをたすけた国際環境、ことにアメリカの政策をあらためて説明するものである」（ダワー 一九九一、（上）六二頁）と。

こうした覇権的な構造への「反動」として左翼とリベラルの側は、戦前型ナショナリズムに押し込められてきた「普遍主義的な価値」を強く打ち出すことになった。その結果、あたかも「ナショナリズム不在」（丸山 一九九八e、七頁）であるかのような現象がおきてしまったのである。それは、「「世界的にまれな」国体ナショナリズムのちょうど裏返し」（同頁）のような事態にほかならなかった。江藤のような保守的なイデオローグやそれに賛同する多くの「草の根の保守主義者」が隠花植物のような存在を強いられてきたと感じ、戦後を

「日本人のアイデンティティ」の「喪失」として一貫して呪詛してきたのも、そうした「ナショナリズム不在現象」とかかわっている。その結果として被植民者の被害者意識よりも内面的に屈折し、鬱積した被害者の感覚が堆積していくことになったのである。

　丸山が言うように、帝国としての「国体」に凝集点を見いだしていた日本のナショナリズムは、敗戦とともに「武装解除」されて、その古巣（郷党的なパトリオティズム）に還流し、いわば微分化されて社会の底辺にちりばめられていった。その限りにおいて政治の表舞台にその際だったシルエットをあらわすことはなかったのである。だが、そのことはナショナリズムが消失したことを意味していない。それは、象徴天皇制を通じて国民の意識下に帝国の記憶として残存し続け、さらには和辻的な「文化ナショナリズム」として内外に表出されるようになる。そして、そのようなナショナリズムは、戦後体制のルーティーン化とともに「戦後革命」に対するリアクションをあらわにするようになった。しかもそれは、丸山の言葉を使えば、平和と民主主義をリンクしたナショナリズムの方向性を打ち出そうとした「非正統派左翼とリベラル」（同書、一一〇頁）のなかからも台頭してきたのである。とくに一九六〇年の安保闘争以後、占領民主主義や太平洋戦争の意味づけをめぐって「ナショナリズムの立場からの「ゆれ返し」」が際だつようになり、「上から下から」の軸よりも、「外から内から」の軸が全面的に押し出されて、日本対アメリカという二項対立の図式から戦後民主主義がふるいにかけられるようになる。この「ねじれ」の認識は、戦後五〇年以降の戦争の記憶と戦後民主主義の評価、歴史修正主義とネオ・ナショナリズムの論争的な状況をある意味で先取りしていたと言えるかもしれない。

　こうして丸山にとっては、戦後は依然として戦前の「強靭な歴史的惰性」を振り切っていないばかりか、それに呪縛されているように思われたのである。次のような「忠誠と反逆」のクリティカルな指摘は、まぶしいばかりの輝きを失いつつあった「戦後」の可能性に対する危機意識を物語っている。

> 自我の内部における「反逆」を十分に濾過しない集団的な「革命運動」は、それ自体官僚化する危険をはらんでいるだけでなく、運動の潮が退きはじめると集団的に「転向」する脆弱さを免れない。歴史的な方向感覚をもたぬ「反逆」はしばしば盲目であるが、反逆のエートスによって不断に内部から更新されない「革命」は急速に形骸化する。……日本の革命運動における「天皇制」といわれる諸傾向の跳梁は、個人の内部における忠誠の相剋を通過しないうちに、革命集団内部において「正統性」が確立したことと無関係ではなかろう。「忠良なる臣民」をいわば両陣営に分割した形で社会的に対立する体制と反体制運動とは、自我の次元にまで降って見ると、しばしば驚くほどの共通性を帯びるのである。（丸山　一九九六g、二七二頁）

　今や、体制か反体制か、そのイデオロギーの違いだけが問題なのではなく、両者に共通する「半＝もしくは下＝意識的な思考のパターンの所与性」（同書、一六六頁）として精神構造や思考様式の最も深い部分を支えている生活感情なり生活感覚が問題の中心に浮上してきたのだ。それは「日本の思想」のプロトタイプあるいは「原型」、「古層」と呼べるものであり、それが文化共同体のなかの個人に被縛感を与え、行為への実践的な起動力になっている、というわけである。

こうして丸山にとって、「伝統」と「近代」は単なる矛盾概念ではなくなり、むしろ「伝統」を通じて歴史的に蓄積された思考パターンによる「被縛感」をテコに近代的な価値をいかにして実現できるのか、その貴重なレガシーを「日本思想史」のなかに探ることが、丸山のプロジェクトになったのである。それは、「被縛性と自発性のディアレクティッシュな緊張」（同書、二七六頁）のなかで「「反動」的なもののなかにも「革命的」な契機を、服従の教説のなかにも反逆の契機を、諦観のなかにも能動的な契機を、あるいはそれぞれの逆を見いだしていくような」（丸山一九九六i、一一五頁）パラドキシカルな作業だった。この作業のために「日本の思想的過去の構造」の自己認識が不可欠になったのであり、そうすることで「背中にズルズルとひきずっていた「伝統」を前に退き据えて」（同頁）、突然変異的な「思い出」として噴出する「日本の思想」の伝統、そのナショナリズムを自覚的に「調教」できると考えられたのである。

丸山がこのような認識に至ったのは、経済白書の「もはや戦後ではない」（一九五六年）が流行し始めて間もなく、方法的にはマルクス主義、対象的には天皇制の精神構造（「国体」）が「フニャフニャ」（丸山一九九八d、二三四―二三五頁）になり、「正統」と「異端」の関係すらくずれつつある、というよりは、そもそも「正統」が何であるかすら曖昧な状況があらわれつつあったからである。そればかりではない。石油ショックを機に戦後の「黄金時代」が黄昏を迎え、「成長の限界」（ローマ・クラブ）が明らかになりつつあった頃、戦後の日本は、あたかもポストモダンの前衛に立っているかのような幻想すら芽生えつつあった。

すべてが歴史主義化された世界認識——ますます短縮する「世代」観はその一つの現われにすぎない——は、かえって非歴史的な、現在の、そのつどの絶対化をよびおこさずにはいないだろう。しかも眼を「西欧的」世界に転ずると、「神は死んだ」とニーチェがくちばしってから一世紀たって、そこでの様相はどうやら右のような日本の情景にますます似て来ているように見える。もしかすると、われわれの歴史意識を特徴づける「変化の持続」は、その側面においても、現代日本を世界の最先進国に位置づける要因になっているかもしれない。（丸山 一九九六k、六四頁）

江藤が「喪失」と嘆いた戦後の「人工」的な「近代」は、あたかもその「本家」（＝アメリカ）をも追い抜いて、その「彼方」（ポストモダン）に突き進むほど、猛烈な「変化の持続」を成し遂げようとしていた。明らかに「国体」のシルエットなど、どこにも見いだせないように思われた。それほど、「原子的大衆化」が進み、かつての「国体」が簒奪していた公的な空間はバラバラに砕け散ったような様相を呈していた。そして、丸山には一九六〇年代後半以降、アカデミズムの「型」や「形式」をくずし、流動化させるマス・メディアと貪欲な大衆文化《ポピュラーカルチャー》が巨大な奔流となって「原子化（atomization）」を押し進め、次から次へと変化を持続させながら「歴史的時間」を「自然的時間」に解消していく「感覚主義の伝統」が蟠踞《ばんきょ》していくように思われたのである。

> 戦後の「理念」に賭けながら、戦後日本の「現実」にほとんど一貫して違和感を覚えて来た私の立場の奇妙さ！　それは悲劇だか喜劇だか知らない。むしろたずねたいのは私は根本的に時代を表現しているのか、それとも反時代的なのかということだ。私の実感としては後者としか思えない。（丸山　一九九八a、二四六頁）

この「戦後」に対する丸山のアンビヴァレンスは、伝統的な支配が濃厚ななかで「遠心的・非結社的」な「私化（privatization）」が早世的に形成され、さらに戦後急速に「求心的・非結社的」な「原子化」の行動様式が重なり合って、「遠心的・結社形成的な自立化」（丸山　一九九六h、三八四頁）のパーソナリティが疎外されてきた現実に根ざしていた。

戦後日本の現実は、社会変動の高揚期には「原子化」による「過政治的な」急進的大衆運動が鬱屈したラディカリズムとして「爆発」するのに対して、その沈滞期にはヨコの交渉・連帯によるパブリックな世界にまたがる回路を断たれた「私化」が霜の降りるように社会の表層を覆ってしまうパターンを繰り返してきたのである。そして、この「私化」の早世的な開花こそ、国学が徂徠学の「政治の優位」から受け取った盾の半面だったことは、すでに宣長のところで述べた通りである。ここに「集団的同一化にもとづく強烈な政治的行動性と、まったく社会から遮断された非政治的世界での私的な感情的耽溺や美の享受」（丸山　一九九八c、八一頁）との相互補完的な対立関係があった。それは、「内面感情への審美的凝集」となって「内向化」するとともに、他方では「外部への爆発的な行動」となって氾濫するのである。言い換えれば、ネイションへの忠誠が受動的－静態的な「私化」の性格を濃化していくのと反比例して、対外的な「発展」、「膨張」へのダイナミズムが間欠泉のように噴出するのである（丸山一九九六g、二四九頁参照）。

ただ、問題はこれだけに尽きているのではない。なるほど、テクノロジーの高度化にともなう「原子化」の急激な大衆化が「民主化」とともに求心化して痙攣的な発作となって激発する場合でも「私化」が態度移行の基調をなしているのだが、他方では「私化」した個人、「原子化」した個人のどちらも多数を占めてきたわけではないのだ。つまり、「私化」が「自然権なき自然状態」（素朴な愛郷主義）との臍帯を断ち切ってはいなかったように、「原子的大衆化」が徹底して共同体的な関係をバラバラにしたわけではなく、それは〈自然〉の擬制（家族、郷党社会、イエ）を纏いながら底辺の情実的な人間関係を公私の官僚制に転位する回路に流し込まれていったのである。ここに「政治的・社会的無秩序や隣人連帯の欠如」が、ダイレクトに「個人析出一般」の弊害として危険視される土壌があった。だからこそ、レッセフェールの「自由競争」という名の市場原理が社会的な共同性を解体させる遠心力として働くとき、そこには猛烈なリアクションが伴わずにはいないのである。次のような一九六八年の丸山の発言は、あたかも一九九〇年代のグローバル市場経済の「狂乱」と、それに対する反動としてのナショナリズムの「狂乱」を予見していたともとれる。

明治末期以来しばしば口に出された「自由競争」という言葉で人々が思い浮かべたのは、一定のルールの承認のもとに、参加者がフェア・プレイの精神で競うといったゲームの観念からはおよそ遠いものであった。この言葉が連想させたのはむしろあのラッシュ・アワーの光景であり、ジャングルの法則しか知らない「優勝劣敗」の世界であった。こうした固定観念は、とりわけ社会的・国家的危機の際に猛烈な反動を呼ばずにはいなかったのである。（丸山 一九九六h、四一六頁）

この「失われた十年」のなかで堰を切ったように氾濫する歴史修正主義的な言説やネオ・ナショナリズムの隆起が、ここで指摘されているような「猛烈な反動」となって表出されていることは度々述べた通りである。

こうして「日本」ではどうして多元的なコミュニケーションを通じてヨコの連帯を深め、それを広げていく「われわれ」としての「国民意識」をもった個人が育たなかったのか、少なくともそれが脆弱だったのはなぜなのか――そのメタ歴史学的な批判的考察に突き進んでいくことになったのである。その意味で「原型」や「古層」といった、「日本」の文化のパターンと歴史意識を貫いてきた「執拗低音《バッソ・オスティナート》」としての思惟様式を突き止め、意識化し、そして自覚的に統御する可能性に、丸山は「日本」における「近代」の未踏の地平を発見しようとしたことになる。和辻にみられたような「国体」的な文化ナショナリズムもまた、そうしたより「原型」的な思惟様式との関係で明らかになってくるはずだった。

以上のように、丸山の「国体」との取り組みには、戦前と戦後でその重点に著しい移動があったことが明らかになった。理念としての「戦後」の「現実」の姿に違和感を覚え続けてきた丸山の「反時代的」なスタンスは、最終的には「国体」的なるものを支え続けてきたメタ歴史学的な「古層」あるいは「原型」の地政学的および「民族的な個別性」に辿り着いたのである。この点は、例えば「原型・古層・執拗低音」（一九八四年）のなかで次のようにわかりやすく披瀝されている。

> すくなくも高度工業国家で日本ほど民族的な等質性を保持している国はありません。……日本が一面では高度工業国家でありながら、他面においては、それこそ以前から「未開民族」の特徴といわれた驚くべき民族等質性を保持しているのは否定できません。観察としてはそんなむつかしい事柄ではないのです。ただこの両面性が、思想的にどう現われるのかというのは、日本思想史を解明するうえに看過できない重大な問題だ、と思うのです。（丸山　一九九六l、一四二—一四三頁）

丸山がここに引用したような「両面性」の思想史的な意味を批判的に捉えかえそうとしていることは明らかだ。だが問題は、そうした「両面性」のはらむ思想史的な問題ではなく、むしろ「両面性」が成り立っていると仮定するメタ歴史学的な前提である。

丸山によれば、この「両面性」は疑うことのできない「日本」という国家の民族的な「個別性」であり、それはある意味で「悠久」の歴史を貫いて列島の歴史を規定し続けてきた地政学的な位置に由来していることになる。そして、そのような地政学的な「心象地理」に基づいて、丸山は地政文化的な比較によって「日本」のそうした「歴史的個別性」を裏付けようとしている。

　日本はかつてのミクロネシア群島、メラネシア群島たるべくあまりに中国大陸に近く、朝鮮の運命を辿るべくあまりに中国から遠いという位置にある、ということになります。そびえ立つ「世界文化」から不断に刺激を受けながら、それに併呑されない、そういう地理的位置にあります。私は朝鮮型を洪水型といい、日本を雨漏り型というのです。洪水型は、高度な文明の圧力に壁を流されて同じ文明圏に入ってしまう。ところが、逆にミクロネシア群島になると、文化の中心部から「無縁」もしくはそれに近くなる。日本はポツポツ天井から雨漏りがして来るので、併呑もされず、無縁にもならないで、これに「自主的」に対応し、改造措置を講じる余裕をもつことになる。これがまさに「よそ」から入って来る文化に対して非常に敏感で好奇心が強いという側面と、それから逆に「うち」の自己同一性というものを頑強に維持するという、日本文化の二重の側面の「原因」ではないにしても、すくなくもそれと非常に関係のある地政治学的要因なのです。（同書、一四一―一四二頁）

ここで、このような地政文化的な比較が、戦前において丸山が批判的にみていた「近代の超克」を歴史哲学的にジャスティファイしようとした高山岩男の『世界史の哲学』（一九四二年）の歴史と地理的空間に関する言説と瓜二つであることについては詳しく述べる余裕はない。ただ、指摘しておかなければならないのは、そのような地政文化的な空間論と比較が、きわめて近代的な国民国家の地政学とその「心象地理」にかかわっている、ということである。近代的な「国家理性」がその発生から「地理的権力（geo-power）」による「他者」への新たな暴力的創出と結びついていた経緯は、例えば次のような具合だった。

一六世紀の後半からアイルランドは、イギリス・ルネサンスの自己創出の場であり、興隆しつつあったイギリスの自己イメージを映し出す否定的な鏡であり、そしてイギリス的なるものの否定を投射した場所であった。アイルランド人は、イギリス人はもはや同じではなく、アイルランド人が改革されうる前に完全に征服されていなければならないような、そうした同化不能の他者とみなされた。……アイルランド人を、野蛮についての古典主義的なエピステーメの理解の内部に位置づけることで、彼らは歴史と地理なき民族だと自明のように考えられた。こうして、アイルランド人は、ひとつの真正なイギリスの歴史と地理の進歩に立ちふさがる忌々しい障害物であり、英国国教会の文明と王国の和合の秩序ある景観を台無しにする頑迷な野蛮人とみなされたのである。

(Tuathail 1996, p. 6)

中国を「半開」とみなし、その格下に「野蛮」としての朝鮮をおいた福澤諭吉の『文明論之概略』に晩年の丸山が心血を注いだ注解を残したことは決して偶然ではない。先の丸山の地政文化的な空間論と比較は、戦後も丸山が国民国家の地政学的な権力の問題にほとんどイノセントなほど無防備だったことを示唆している。だからこそ、「民族的な等質性」とともに「日本語」についても次のようなメタ歴史学的な断定を加えているのである。

日本語の起源・系統は今日でも学説区々で確定できないほど由来が古く、しかも日本語国の領域内は基本的に同一言語です。(丸山 一九九六l、一四三頁)

このような民族と言語に関する丸山の「日本」についてのメタ歴史学的な日本像が、網野善彦が批判しているように、ほとんど神話に近い思いこみであることは今では明らかである。この意味で、丸山は自らのメタ歴史学的な「先入観」の歴史的アプリオリを考古学的に掘り起こすことを断念していたとしか言いようがない。このことは、丸山があれほど「国体」の生理と病理を完膚無きまでに批判しながら、「虚構のエスニシティ（fictive ethnicity）」（エティエンヌ・バリバール）としての「日本人」の歴史的アプリオリを不問に付したことを意味している。そして、この問題が最も先鋭的に浮かび上がってきたのが、戦時期植民地下の「皇民化」としての「日本人」への「同化」だったことは言うまでもない。それは「虚構のエスニシティ」としての「日本人」のアイデンティティの「破れ」があらわになる瞬間でもあった。しかしその問題の深度に気づかないまま、丸山は、戦後も「国民主義」の「近代化」を「日本主義」の提唱者陸羯南に託して、次のように述べているのである。

五十七年前の『日本』新聞を開くと、右上隅の日本という題字のバックに日本地図の輪郭が書かれているのが目にとまる。その地図には本州、四国、九州、北海道が載せられているだけだ。日本はいまちょうどこの時代から出直そうとしている。そうして現代もまた、まさに新しき『日本』新聞と陸羯南とを切に求めている。（丸山　一九九五b、一〇六頁）

こうして丸山は江藤らと対極に位置しながらも、後者と同じくポストコロニアルとしての「戦後」という問題をわがものにすることはできなかった。その限界は、冷戦崩壊以後、植民地と戦争の記憶をめぐるアジア諸国との相克のなかで明らかになりつつある。

むすびにかえて

これまで「国体」ナショナリズムとそれにまつわる言説を検討してきた。「国体」とは何か――その本質は雲海のなかに隠れて茫洋としており、その空虚さだけが際だっていた。いや、まさしくその空虚さゆえにそれはナショナリスティックな知識人の想像力を掻き立て、また一般の国民の意識のなかに不気味な実在感を持ち続けてきたのである。その限りで「国体」は、きわめて巧みな言説装置でもあった。二〇世紀の終わりをへて新しい世紀を迎えた今、「はじめに」でも紹介したように、その装置の活発な振動音がこの列島に鳴り響こうとしているのである。この現象を一体どう捉えたらいいのだろうか。

ここでは、この問題を念頭に、第Ⅱ部冒頭で述べたような第四の基本的な視座について考えてみたい。つまり、「国体」ナショナリズムの脱構築が同時にグローバル化を推進力とする〈帝国〉批判へと切り結ぶ地点を探し求める作業である。

この困難な作業を自覚するとき、以下のような二律背反的な現象の意味も、より理解できるはずである。

そのひとつは、「聖域なき改革」を獅子吼《ししく》する小泉純一郎首相の靖国参拝である。その論理は「国体」の空虚さを支える「ココロ主義」以外の何ものでもない。「素直な気持ち」で

「国に殉じた英霊」に哀悼の意を捧げる。この「ココロ」＝「心情」によって充填される審美的な感傷の共同体こそ、「国体」的な共同意識の核心であることは、すでに述べたとおりである。小泉政権は、そうしたナショナルな「霊的交わり＝合体（communion）」を、戦争の記憶を媒介にして動員しようとしているのである。

しかし他方で、二〇年遅れでサッチャー主義的な構造改革を断行すると連呼している、その小泉首相の政策が、「セキュリティ・ユニット」としての「国民社会」を分断、隔離させ、集合的なセキュリティの解体（齋藤 二〇〇一）に導きかねないことは誰の目にも明らかである。「痛み」をともなう構造改革とは、要するに国民の集合的な生の保障になってきた社会保険（social insurance）と雇用政策のセーフティネットを外すか、その網の目を粗くし、そこから脱落していく「余計者」あるいは「アンダークラス」を大量に「正常社会」の外に放り出していくことを意味している。つまり、「痛み」をともなう改革では、国民の平等意識と連帯にもとづく「包摂」と「リスクの集合的負担」ではなく、「自己責任」と絶えざる「自己刷新」、そして「隔離」あるいは「排除」のメカニズムが主流にならざるをえない。

このように公共の記憶としての国家の歴史《ナショナル・ヒストリー》をコメモレイション（commemoration）を通じて再＝現前化しようとするナショナリズムと、国民統合をその内部から蚕食しかねない新自由主義的な政策体系とは、一見すれば水と油のように混じり合うことはないはずである。にもかかわらず、それらが同じ政府によって打ち出されている。

この反語的な関係にこそ、ナショナリズムとグローバル化の対立的な補完関係が映し出されている。このアイロニカルな関係は、例えばサッチャリズムについて見ると、次のような具合である。

マーガレット・サッチャーの新自由主義的な政策は、国家から国民の経済生活に対するその影響力を削ぎ落とす方向を目指した。他方しかし、その公的なレトリックは、国民の集合的なセキュリティを断念した国家を復古的な権威のヴェールで包み込もうとしたのである。つまり、国民国家は至高の存在とみなされ、国民文化は社会秩序にとって死活的に重要だとされながら、新自由主義的な政策は英国経済をグローバルな市場の荒波に曝すことになったのである。こうして無慈悲な経済的グローバル化のレトリックは、統合的な国民文化の権威とその不可欠な効用の顕彰に結びつけられたのである（Gray 1998, p. 35)。

このような分裂した対応を小泉政権も避けることができそうにない。実際、「グローバル・シビリアンパワー」としての国際化された国家戦略の青写真を描こうとした小渕恵三総理の「21世紀日本の構想」懇談会の報告書は、その冒頭で戦後日本の「社会の安定と安全という根幹が、ボロボロと崩れ始める崩壊感」（『日本のフロンティアは日本の中にある』九頁）が蔓延しつつある、と危機意識をあらわにしていたが、それは小泉政権になってより深刻になっている。しかも、この深まりゆく崩壊感が、新自由主義的な「改革」にその突破口を求めて、小泉政権の異常なほどの人気を押し上げる作用を果たしているのである。

しかし、そうした「改革」が、階層間の格差と都市と農村の格差を広げ、厖大な数の「アンダークラス」を「犯罪者」あるいはその予備軍の地位に追いやってしまうことになりかねないことは、米国の場合を見れば明らかである。

米国はもはや中産階級の社会ではない。それは分断された社会（a divided society）であり、不安を抱く大多数の人々が、希望をなくしたアンダークラスと、市民的な義務を否定するオーバークラスのあいだに押し込められているのである。合衆国では今日、自由市場のポリティカル・エコノミーと、ブルジョア的な文明のモラル・エコノミーが分岐しているし、おそらく永久にそうならざるをえないだろう。（Gray 1998, p. 111）

ジョン・グレイが悲観的に描き出している米国社会は、ある意味で新しい世紀の日本の未来図でもある。

ただしそれを「日本モデル」から「アメリカ型社会統合」への移行と考えてはならない。なぜなら、そもそも「日本モデル」とは、米国の占領支配を通じて永続化した、戦時総動員の日本型統制経済メカニズムの「戦後版」であり、それは米国との交配モデルにほかならなかったからである。このモデルは、一方ではフォーディズムに代表されるような技術開発と労働管理の合理化を通じて工業製品の安価かつ大量生産・供給のシステムをつくり出し、そして大規模な広告媒体による大衆消費社会の成熟を実現した。他方、そのような産業主義と消費社会を調節する「管制高地（commanding height）」になったのが、ケインズ主義的な福祉国家の「見える手」だった。この「見える手」を通じて財政と金融政策による総需要管理と統制、高い水準の雇用と生産・消費のサイクルが実現し、また福祉・社会保障の集合的なセキュリティが安定（安全）のバラストになったのである。このような戦後の「日本モデル」は、国民の社会・経済的な安定を保障するシステムとして機能し、またそれは「日本人」としての国民によって支えられてきた。その場合、集合的なアイデンティティとしての国民は、実際には日常のミクロな権力装置を通じて節合されていた。つまり、学校や企業、組合や工場、メディアなど、規律社会の諸装置の「囲い込み」を通じて国民的主体が立ち上がっていたのである。したがってナショナルな統合とそれを支える社会・経済的な下部構造があたかもピッタリと一致しているような幻想がリアリティをもちえたことになる。その限りでナショナルな統合は、「排除」や治安管理による「抑圧」ではなく、むしろ「包摂」あるいはそれへの自発的な「動員」のメカニズムに基づいていた。戦後「国体」は、米国との交配モデルが冷戦の国際的与件のなかで花開いた、稀にみる安定期だったのだ。もちろん、基地の島・沖縄から朝鮮半島、大陸、台湾から東南アジアと続く旧植民地・半植民地あるいは軍事的占領地域は、「戦後三〇年戦争」の硝煙さめやらぬ激動のアジアだった。

しかし、冷戦体制の安定を内側から支えていたニューディール型福祉国家とその社会的な管理様式は、一九七〇年代末からゆらぎはじめ、それを支えていた規律社会的な制度や施設の「崩落」が際だつようになった。家族や学校、会社やコミュニティーが慢性的な存続の危機にさらされ、治安や犯罪が社会の全域的な問題として浮上するとともに、冷戦の終結によって日本を大国に押し上げたシステムの自壊作用が顕在化するようになった。そして、この「失われた一〇年」のなかで「日本モデル」という名の「スキャッパニーズ・モデル」の信用が地に墜ちるとともに、「「非軍事化と民主主義化」という理想」（ダワー 二〇〇一、(下)四二八頁）の信用も疑われるような事態が耳目を集めることになった。

「新しい歴史教科書をつくる会」による歴史修正主義的な教科書の検定合格と先に挙げた小泉首相の「靖国参拝」などは、その突出した事例である。そのネオ・ナショナリズム的な昂揚は、湾岸戦争以後ピークに達した「国際協調」、「国際貢献」という形の「国際化」されたナショナリズムの発揚とは異なるメロディーを奏でつつ、新自由主義的な改革によって綻びをみせはじめた社会統合の新たな接着剤として躍り出ようとしているのである（渡辺 二〇〇一、二五八頁）。

「痛み」をともなう改革が進めば進むほど、ネオ・ナショナリズムの跳梁はより強まっていかざるをえないはずであり、その背反的な現象は、すでに述べたようにサッチャー革命につきまとった両義性だった。

このネオ・ナショナリズムの一部には「東京裁判史観」の否定や「押しつけ憲法」の改正、占領統治に対する歴史修正主義的な見直しの意図が揺曳している。しかし、その「反米」ナショナリズムは、まさしく戦後「国体」が米国との「交配」によって成り立っていたことの裏面にほかならない。新自由主義的な改革が、「スキャッパニーズ・モデル」からレーガノミックス以後の「スキャッパニーズ・モデル」のニュー・バージョンへの移行である限り、日米談合はより深まっていかざるをえないはずである。その限りにおいてネオ・ナショナリズムは、より上位の覇権的な権力への「従属ナショナリズム」という性格を払拭することはできないだろう。

新自由主義的な改革と、それと補完的に対立し合うネオ・ナショナリズムの台頭、日米の運命共同体的な談合の深まりと「非軍事化と民主化」という理想の信用失墜などは、新しい世紀の日本がハートとネグリのいうグローバル・ガバナンスとしての〈帝国〉の主要なメンバーを目指しつつあることを意味している。

ハートとネグリによれば、資本やテクノロジー、情報やヒトのグローバルな展開を促すグローバル・ガバナンスは、国民国家の境界を超えて越境的に拡大し、さらに地政学的な差異を活用しつつ新たな世界的規模の階層秩序を形づくりつつある。それは、米国を中心とする覇権的なネットワークやグローバル・マーケット、多国籍企業や超国家的な国際機構、NGOや国民国家、メディア組織や民衆組織といった、さまざまなエージェントの多極的な関係から成り立っている。このようなトランスナショナルなエージェントによる混成的な体制としてのグローバル・ガバナンスは、絶えず変化する複合的な変数を固定的なナショナル・アイデンティティの空間に閉じこめてしまう国民国家システムとは違って、逆にそうした文化的な差異を承認しつつ、その政治的な含意を無力化し、管理しようとする新たな〈帝国〉的システムである。

文化的な差異を政治的に無力化し、管理しようとする〈帝国〉が、グローバルな立憲主義にもとづいて「正義」を貫徹しようとするとき、それは倫理的・人道主義的な衣装をまとったグローバルな警察・治安機能として立ち現れてくることになる。冷戦終結以後の湾岸戦争とコソボ爆撃は、〈帝国〉的な正義や文明に敵対する国家や民族に対する剝き出しの実力行使だった。それは、「社会的害虫」に対する司法的な懲罰行為であり、その場合、「敵」はグローバルなメディアを通じて倫理的な秩序に対する「絶対的な脅威」とみなされ、治安警察的な懲罰の対象として陳腐化されていくのである。

新自由主義的な改革と日米の「NATO化」は、戦後日本が「戦後」という桎梏を払いのけて、名実ともにそのような〈帝国〉的な正義の実力行使に参加する筋道を開いていくことを意味している。

そのためには「国体」のグローバル・スタンダード化が避けられないハードルになりつつある。つまり「天皇（制）なき国体」が模索されつつあるのだ。それがジレンマに満ちているのは、「天皇（制）なき国体」とは、自己矛盾以外の何ものでもないからである。新世紀の「国体」は、天皇制を和辻的な意味での文化的共同体の象徴としつつ、実体的にはかつての幕府に近いような強力な権力機構を構築する作業のなかに、そのシルエットを映し出しつつあるようにみえる。新自由主義的な改革を推進する権力ブロックやネオ・ナショナリストのなかからも首相公選制が公然と語られ、大統領型指導者選出の権力機構が青写真として浮上しつつあるからだ。その意味で、新しい世紀の「国体」が戦前型の「国体」に復帰することはありえない。それは、むしろグローバル・ガバナンスとしての〈帝国〉にふさわしい形態となるはずである。もちろん、その試みは、原理主義的なネオ・ナショナリズムのバックラッシュによってジグザグの荊棘の道を辿らざるをえないだろう。それが腰砕けになり、挫折することも考えられないわけではない。

しかし、たとえそれが新しい「国体」の再創造に成功したとしても、その「パラサイト性」はより深まっていかざるをえず、それは反転してアジア諸国との摩擦や対立を深めていくことになるのではないか。例えば、「NATO」並に格上げされた日米安保を通じて集団的自衛権に踏み込み、北朝鮮や台湾海峡に懲罰的な治安権力として日米の実力が介入する事態を想像してみればわかるはずである。

この悲観的な見通しを避け、「国体」の呪縛を解きほぐすと、同時にグローバリズムの暴力に抗するような回路があるとすれば、それはさし当たり東北アジアにおける開かれた多極的で地域主義的《リージョナル》なネットワークの構築だろう。ローカルという意味での地域が中心となって越境的な交流の重層的なネットワークを形成し、その分権化を国家が後押しするとともに国家主権を相互に共有し合うシステムを構築していくことである。この大胆な構想の第一歩は、まず朝鮮半島における南北の共存と統一への多国間の信頼醸成機構の構築からはじめられなければならないだろう。その具体的な内容については、拙著（『東北アジア共同の家をめざして』平凡社、二〇〇一年）をご笑覧いただきたい。

ただここで若干その概略だけは紹介しておきたい。

知られているように、本年（二〇〇一年）は、サンフランシスコ講和・日米安保締結から五〇年の節目にあたっている。朝鮮戦争勃発を背景にして結ばれた日米の戦後処理と新たな同盟関係には、冷戦のリアル・ポリティークの影が重くのしかかっていた。その代償として植民地支配と侵略戦争の犠牲者たちには敗戦国に対するまともな発言権が与えられないまま、とくに旧帝国臣民だった朝鮮半島の旧植民者たちは目に見えない「不可視」の存在になったのである。そして、その半島での「国際的な」内戦を「天佑神助」(吉田茂の言葉)として敗戦国は驚異的な経済成長のキッカケをつかみ、戦後という「隔離された時代」(ダワー二〇〇一、(上)五頁)が始まった。その意味で日米同盟は、アジアにかかわる歴史の忘却と東北アジアに関する地域的な秩序構想の不在のシンボルだったのである。

冷戦の終結は、日米同盟の漂流を促し、それと同時に凍結されてきた植民地や戦争の記憶の解氷を加速させることになった。これらの動きは、他方では二〇〇〇年の歴史的な南北朝鮮の首脳会談の実現とも関連して、東北アジアの冷戦の構図を塗り替えようとしている。それは、戦後の日本に、その外交・安保・防衛さらには政治・経済・教育などのシステムと、その記憶の装置そのものに変化を促そうとしている。そうしたまさに変化の激震が日本を揺るがそうとしているときに国家に収斂し、そこに帰着点を見いだそうとするネオ・ナショナリズムが澎湃《ほうはい》と沸き起こり、東北アジアは再び対立と不信の悪循環のなかに退行しようとしているのである。

この地域にいま最も望まれているのは、このようなナショナリズムの「逆流」を掣肘しつつ、同時にグローバル化の「暴走」を制御できるような協調的な多国間的地域秩序の構想であり、それは同時に唯一の超大国でありながら、テロの脅威に曝されている米国の単独主義的な「冒険」に対しても一定の抑制装置として働くはずである。

もちろん、そうした地域秩序は米国を除外しては考えられない。むしろ、それは、単独主義に走りがちな米国をも巻き込みつつ、この地域の多元的で重層的なネットワークを生かした新たな秩序構想でなければならない。その出発点となるのが、南北朝鮮の共存と統一のための多国間的な信頼醸成機構の形成である。朝鮮半島が混乱にみまわれるとき、この地域は常に巨大な紛争のるつぼと化してきた。その歴史を繰り返さないためにも、旧宗主国であった日本がそのようなメカニズム作りに積極的に関与していくことが望まれている。それはまた、「歴史の共有」も含めて東北アジアの未来を担う「対等なパートナーシップ」の確立に繋がっていくはずである。そのようにしてはじめて「日米談合」のひずみが修復しがたいほどに広がりつつある日米の二国間主義《バイラテラリズム》をより均衡のとれた友好関係に是正する方途が開かれるのではないか。

戦後「国体」の「上」からの「改革」を通じて軍事的な「日米談合」にのめり込んでいくのか、東北アジア地域の新たな秩序構想の牽引役を果たすことが出来るのか――日本はその分岐点に立っている。

文献案内

以下では、ナショナリズムに関して比較的入手しやすい文献で、本書のいわばベースになる着想や材料を与えてくれたものや、本書のなかで取り上げられなかった文献について若干紹介しておきたい。

「ナショナリズム」ほど人口に膾炙し、耳慣れた言葉はないのではないか。しかし意外にもそれに関する入門的な良書を見つけだすことはむずかしい。これは、ナショナリズムが、自由主義や民主主義、あるいは社会主義などとは違って、グランド・セオリーを打ち出すような偉大な思想家や理論家に乏しかったことにも起因している。ナショナリズムは、体系的な原理や思想になじまないからこそ、多くの大衆の心をつかみ、またそのデモーニッシュな威力のゆえに知識人たちの想像力を掻き立て、冷静で客観的な分析や理論化を拒んできたのかもしれない。

そのなかでコンパクトにまとめられ、しかも今日でも読み応えがあるのは、橋川文三の『ナショナリズム』（ちくま学芸文庫、二〇一五年）である。とくに第二章の「日本におけるネーションの探求」は、近代日本が、普遍的な郷土愛の伝統から「より抽象的な実体」としての政治的共同体への忠誠と愛着へとどのように「離陸」し、「ナショナリズムという謎にみちた新しい幻想にとらわれることになったのか」、その矛盾にとんだ経緯を、それこそ光彩陸離に叙述している。本書を通読された読者なら、本書が多分に橋川から影響を受けていることがわかるはずである。

次に挙げておきたいのは、**丸山眞男**の日本のナショナリズムに関する一連の優れた論稿である。それらは**『現代政治の思想と行動』**（増補版、未來社、一九六四年）に収められ、すでに現代の古典として不動の地位を獲得していることは周知の通りである。ただ、これに収録されていない日本のナショナリズムに関する学究的な専門論文やエッセイの類も含めて、やはり**『丸山眞男集』**（全一六巻＋別巻一、岩波書店、一九九五―九七年）の各巻に当たってもらいたい。これは発表年次に合わせて編集されており、戦後日本の歴史的変遷とナショナリズムの問題を考える上でも役に立つはずである。

さらに紹介しておきたいのは、この間、国民国家論あるいは国民国家批判の仕事を精力的に展開してきた**西川長夫**の**『国境の越え方』**（増補、平凡社ライブラリー、二〇〇一年）である。「国民国家論序説」と銘打たれた本書は、国民国家のラディカルな脱構築を試みている点で出色であり、今後もその分野の現代的古典として読み継がれていくだろう。ただし、西川本人は別として、その後やみくもに国民国家を批判することがラディカルであるという誤解にも等しい思いこみが一部の研究者たちのあいだに流行したことについては検討の余地があるのではないか。この点については上野千鶴子による『国境の越え方』の「解説」を読んで欲しい。

その上野千鶴子による『ナショナリズムとジェンダー』（新版、岩波現代文庫、二〇一二年）は、ナショナリズムを考える上で必読の文献のひとつである。本書では残念ながら、ジェンダーの視点から日本のナショナリズム、特に「国体」の問題に切り込んでいくことはできなかった。それは、ひとえに筆者の力量不足によるものである。

また本書で取り上げられなかったのは、言語、とくに「国語」を中心にナショナリズムを読み解く作業である。イ・ヨンスクの『「国語」という思想』（岩波現代文庫、二〇一二年）は、「言語イデオロギー」としての「国語」の理念と歴史を日本の「言語的近代」の歩みのなかで丹念に跡づけながら、近代日本のナショナリズムの自己矛盾を暴き出している点で優れている。

さらに挙げておきたいのは、吉野耕作の『文化ナショナリズムの社会学』（名古屋大学出版会、一九九七年）である。本書の冒頭でも断っているように、本書はナショナリズムの「消費」ではなく、むしろその「生産」の側に焦点を当てている。吉野の研究は、逆に日本の典型的なローカルな地域の定点観測に基づいて文化ナショナリズムの「消費」に的を絞っている点でユニークであり、かつ実証的である。吉野の研究は、ナショナリズムとメディアの関係を読み解いていく上でも重要な視点を提示しており、今後の社会学や歴史学的な研究のなかに生かされていくべきである。

ここに挙げた文献以外のものは、本書のなかで取り上げられているので、ここでは割愛したい。今後はグローバル化との関係や国民国家の文化的空間から見えなかった地域やエスニシティとの関連でナショナリズムの問題が取りあげられなければならないだろう。と同時に本書の「むすびにかえて」では十分に展開できなかった、ナショナリズムを超えるとはどんなことなのか、それは何によって可能となるのか、そうしたことがより活発に議論される必要があるのではないか。

＊

最後に「国体」について書きながらいつも思い浮かんでいたエピソードについて触れておきたい。

戦中、熊本で憲兵の任に就いていた叔父（父親の弟）が、二五年ぶりに日本にやってきたとき、わたしが彼に尋ねた質問の答えが今でも脳裡を去らないのである。

「おじさん、どうして憲兵なんかになったんですか？」

「痩せ老いさらばえた祖国のままでいるよりは、いっそのこと大日本帝国の栄光に浴した方がいいと考えたからだ。その方が自分も幸せになると考えた」

こう答えた叔父は、それから一五年後、父の後を追うように世を去った。「日本人」女性とのあいだに一子をもうけた彼は、敗戦後、解放された祖国へ単身帰郷し、そして朝鮮戦争の混乱のなかで海軍法務参謀の要職を歴任して、弁護士に転じ、ソウルで子だくさんの家族に恵まれて隆々とした解放後の歴史を歩んでいたのである。もちろん、戦中期の日本本土でのすべての記憶を抹消して。しかし彼の胸中に澱のように鬱積していた大日本帝国と妻子の記憶は、消そうと思っても消し去ることはできなかったはずだ。二五年ぶりに日本の地を踏み、杳《よう》として行方の知れない妻子を捜したが、徒労に終わった。セピア色にくすんだ昭和二〇年八月一五日の一葉の写真が、叔父の手に固く握りしめられていた。憲兵の腕章に日本刀をさげた彼の顔には自決を決意した悲壮感が漂い、傍らで幼子を抱く妻の表情は憂いにみちていた。

「八・一五」以後の上官たちの「転向」ぶりを目の当たりにした叔父は、自決を翻意し、大日本帝国の虚妄を知らされることになる。それ以後、彼はまさしく「国体」の内側からはじき飛ばされた「鬼胎」となったのである。

教科書問題や小泉首相の「靖国参拝」問題で違和感というよりは強い反発を感じたのは、世論の多くがまるで判で押したように「外圧に屈するな」というかけ声をあげたことである。いったい「外」とは誰のことなのか。「鬼胎」となったわたしの叔父は、「外」に放逐されるべきそれこそ「鬼」なのか。わたしのような在日韓国・朝鮮人もまた、内側の「外」として封じ込められるべき「鬼胎」の係累にすぎないのか。「国体」がその境界を変え、「異民族」をあるときは「臣民」に――しかも二流以下の「臣民」にし、あるときは「外地異種族」にしてしまうその身勝手なご都合主義こそ、わたしが「国体」ナショナリズムに向き合おうと思った隠されたモティーフである。とはいえ、日本史やアジア関係史については門外漢であるため第一次資料に当たるような作業は到底望めなかった。「国体」をめぐる言説のレベルに終始したが、それでもなにがしかの問題提起はできたと思う。読者の判断をあおぎたい。

文献一覧

日本語文献

会沢正志斎 一九七三『新論』、『日本思想大系』第五三巻「水戸学」岩波書店。
網野善彦 二〇〇〇『「日本」とは何か』(『日本の歴史』00)、講談社。 ＊のち、講談社(講談社学術文庫)、二〇〇八年。
石田雄 一九九八「「同化」政策と創られた観念としての「日本」」下、『思想』一九九八年一一月号。
井上毅 一九六九「言霊」、井上毅伝記編纂委員会編『井上毅伝』史料篇第三、国学院大学図書館。
イ・ヨンスク 一九九六『「国語」という思想――近代日本の言語認識』岩波書店。 ＊のち、岩波書店(岩波現代文庫)、二〇一二年。
上野千鶴子 一九九三「解説 『成熟と喪失』から三十年」、江藤淳『成熟と喪失――〝母〟の崩壊』講談社(講談社文芸文庫)。
―― 一九九八『ナショナリズムとジェンダー』青土社。 ＊のち、新版、岩波書店(岩波現代文庫)、二〇一二年。
鵜飼哲 一九九七「解説 国民人間主義のリミット」、E・ルナン＋J・G・フィヒテ＋J・ロマン＋E・バリバール＋鵜飼哲『国民とは何か』鵜飼哲・大西雅一郎・細見和之・上野成利訳、インスクリプト。
江藤淳 一九八一a 「『静かなる空』と戦後の空間」、『落葉の掃き寄せ――敗戦・占領・検閲と文学』文藝春秋。
―― 一九八一b 「他人の物語と自分の物語」、『落葉の掃き寄せ――敗戦・占領・検閲と文学』文藝春秋。
―― 一九八一c 「『ハイド氏の裁き』について」、『落葉の掃き寄せ――敗戦・占領・検閲と文学』文藝春秋。
―― 一九九三『成熟と喪失――〝母〟の崩壊』講談社（講談社文芸文庫）。
―― 一九九六『忘れたことと忘れさせられたこと』文藝春秋（文春文庫）。
江村栄一 一九八九「解説　幕末明治期の憲法構想」、『日本近代思想大系』第九巻「憲法構想」岩波書店。
大澤真幸 一九九五「ナショナリズム」、松原正毅編集代表『世界民族問題事典』平凡社。
奥平康弘 二〇一七『「萬世一系」の研究――「皇室典範的なるもの」への視座』（全二冊）、岩波書店（岩波現代文庫）。
尾高朝雄 二〇一四『天皇制の国民主権とノモス主権論――政治の究極は力か理念か』書肆心水。
加藤典洋 一九九七『敗戦後論』講談社。　＊のち、筑摩書房（ちくま学芸文庫）、二〇一五年。
―― 二〇〇〇『日本人の自画像』岩波書店（日本の50年　日本の200年）。　＊のち、増補、岩波書店（岩波現代文庫）、二〇一七年。
鹿野政直 一九九九『近代日本思想案内』岩波書店（岩波文庫）。

香山光郎 一九四一「行者」、『文學界』一九四一年三月号。
北一輝 一九五九『北一輝著作集』第一巻「国体論及び純正社会主義」みすず書房。
木戸幸一 一九六六『木戸幸一日記』上、木戸日記研究会編集校訂、東京大学出版会。
久野収・鶴見俊輔・藤田省三 一九九五『戦後日本の思想』岩波書店（同時代ライブラリー）。
＊のち、岩波書店（岩波現代文庫）、二〇一〇年。
小林秀雄 一九七八「故郷を失った文学」、『新訂 小林秀雄全集』第三巻、新潮社。
―― 一九八二『本居宣長 補記』新潮社。
小林よしのり 一九九八『新ゴーマニズム宣言SPECIAL 戦争論』幻冬舎。
小森陽一 二〇〇〇『日本語の近代』岩波書店（日本の50年 日本の200年）。
子安宣邦 二〇〇〇『方法としての江戸――日本思想史と批判的視座』ぺりかん社。
齋藤純一 二〇〇一「社会の分断とセキュリティの再編」、『思想』二〇〇一年六月号。
酒井直樹 一九九七「西洋への回帰／東洋への回帰――和辻哲郎の人間学と天皇制」、『日本思想という問題――翻訳と主体』岩波書店。 ＊のち、岩波書店（岩波人文書セレクション）、二〇一二年。
櫻井進 二〇〇〇『江戸のノイズ――監獄都市の光と闇』日本放送出版協会（ＮＨＫブックス）。
里見岸雄 一九三九『日本政治の国体的構造』日本評論社。
司馬遼太郎 一九八九『「明治」という国家』日本放送出版協会。 ＊のち、新装版、ＮＨＫ出版（ＮＨＫブックス）、二〇一八年。
島崎藤村 一九六九『夜明け前』第一部上、岩波書店（岩波文庫）。 ＊のち、改版、岩波書店（岩波文庫）、二〇〇三年。
島善高　一九九二「井上毅のシラス論註解――帝国憲法第一条成立の沿革」、梧陰文庫研究会編『明治国家形成と井上毅』木鐸社。
清水幾太郎　一九九二「愛国心」、『清水幾太郎著作集』第八巻、講談社。
進藤榮一　一九九九a『戦後の原像――ヒロシマからオキナワへ』岩波書店。
――一九九九b『敗戦の逆説――戦後日本はどうつくられたか』筑摩書房（ちくま新書）。
副田義也　一九九七『教育勅語の社会史――ナショナリズムの創出と挫折』有信堂高文社。
竹山昭子　一九九〇「戦時下のラジオ講演」、『年報・近代日本研究』第一二号「近代日本と情報」山川出版社。
なだいなだ　一九九二『民族という名の宗教――人をまとめる原理・排除する原理』岩波書店（岩波新書）。
南原繁　一九七三a「フィヒテの政治哲学」、『南原繁著作集』第二巻、岩波書店。
――一九七三b「人間と政治」、『南原繁著作集』第三巻、岩波書店。
――一九七三c「天長節――記念祝典における演述」、『南原繁著作集』第七巻、岩波書店。
――一九七三d「「日本国憲法」制定過程　その一」、『南原繁著作集』第九巻、岩波書店。
西周　一九八八「兵家徳行」、『日本近代思想大系』第四巻「軍隊　兵士」岩波書店。
西尾幹二　一九九九『国民の歴史』新しい歴史教科書をつくる会編、産経新聞ニュースサービス。
＊のち、決定版、文藝春秋（文春文庫）、二〇〇九年。
西川長夫　二〇〇一『増補　国境の越え方――国民国家論序説』平凡社（平凡社ライブラリー）。

橋川文三 一九六八『ナショナリズム――その神話と論理』紀伊國屋書店（紀伊國屋新書）。＊のち、『橋川文三著作集』（増補版）、第九巻、筑摩書房、二〇〇一年、さらに、筑摩書房（ちくま学芸文庫）、二〇一五年。

――一九八五a「日本浪曼派批判序説」、『橋川文三著作集』第一巻、筑摩書房。

――一九八五b「美の論理と政治の論理」、『橋川文三著作集』第一巻、筑摩書房。

――一九八五c「国体論の連想」、『橋川文三著作集』第二巻、筑摩書房。

――一九八五d「国体論・二つの前提」、『橋川文三著作集』第二巻、筑摩書房。

福澤諭吉 一九七八『学問のすゝめ』（改版）、岩波書店（岩波文庫）。

フジタニ、タカシ（Takashi Fujitani）二〇〇〇「ライシャワーの傀儡天皇制構想」、『世界』二〇〇〇年三月号。

松浦寿輝 二〇〇〇「国体論」、小林康夫・松浦寿輝編『表象のディスクール』第五巻「メディア――表象のポリティクス」東京大学出版会。

丸山眞男 一九六四『増補版 現代政治の思想と行動』未來社。

――一九九五a「近代的思惟」、『丸山眞男集』第三巻、岩波書店。

――一九九五b「陸羯南――人と思想」、『丸山眞男集』第三巻、岩波書店。

――一九九五c「超国家主義の論理と心理」、『丸山眞男集』第三巻、岩波書店。

――一九九五d「明治国家の思想」、『丸山眞男集』第四巻、岩波書店。

――一九九五e「日本におけるナショナリズム」、『丸山眞男集』第五巻、岩波書店。

――一九九六a「或日の会話」、『丸山眞男集』第一巻、岩波書店。

――一九九六b「近世儒教の発展における徂徠学の特質並にその国学との関連」、『丸山眞男集』第一巻、岩波書店。

――一九九六c「政治学に於ける国家の概念」、『丸山眞男集』第一巻、岩波書店。

――一九九六d「近世日本政治思想における「自然」と「作為」」、『丸山眞男集』第二巻、岩波書店。

――一九九六e「国民主義の「前期的」形成」、『丸山眞男集』第二巻、岩波書店。

――一九九六f「日本の思想」、『丸山眞男集』第七巻、岩波書店。

――一九九六g「忠誠と反逆」、『丸山眞男集』第八巻、岩波書店。

――一九九六h「個人析出のさまざまなパターン」、『丸山眞男集』第九巻、岩波書店。

――一九九六i「『日本の思想』あとがき」、『丸山眞男集』第九巻、岩波書店。

――一九九六j「近代日本の知識人」、『丸山眞男集』第一〇巻、岩波書店。

――一九九六k「歴史意識の「古層」」、『丸山眞男集』第一〇巻、岩波書店。

――一九九六l「原型・古層・執拗低音」、『丸山眞男集』第一二巻、岩波書店。

――一九九六m「政事の構造」、『丸山眞男集』第一二巻、岩波書店。

――一九九六n『「文明論之概略」を読む』㈠、『丸山眞男集』第一三巻、岩波書店。

――一九九六o「昭和天皇をめぐるきれぎれの回想」、『丸山眞男集』第一五巻、岩波書店。

――一九九八a『自己内対話――3冊のノートから』みすず書房。

――一九九八b『丸山眞男講義録』第一冊「日本政治思想史 一九四八」東京大学出版会。

――一九九八c『丸山眞男講義録』第四冊「日本政治思想史 一九六四」東京大学出版会。

――一九九八d「戦争と同時代――戦後の精神に課せられたもの」（宇佐美英治・宗左近・曾根元吉・橋川文三・安川定男・矢内原伊作との座談）、『丸山眞男座談』第二冊、岩波書店。
――一九九八e「現代日本の革新思想」（梅本克己・佐藤昇との座談）、『丸山眞男座談』第六冊、岩波書店。　＊のち、『丸山眞男対話篇』第二―三巻、岩波書店（岩波現代文庫）、二〇〇二年。
――一九九九『丸山眞男講義録』第二冊「日本政治思想史 一九四九」東京大学出版会。
丸山眞男・福田歓一編 一九八九『聞き書 南原繁回顧録』東京大学出版会。
三木清 一九六七a「国民的性格の形成」、『三木清全集』第一四巻、岩波書店。
――一九六七b「国民性の改造――支那を視て来て」、『三木清全集』第一五巻、岩波書店。
三谷太一郎 一九九七「戦時体制と戦後体制――日清戦争から冷戦まで」、『近代日本の戦争と政治』岩波書店。　＊のち、岩波書店（岩波人文書セレクション）、二〇一〇年。
宮沢俊義 一九四六「八月革命と国民主権主義」、『世界文化』第一巻第四号（一九四六年五月）。
　＊のち、『憲法の原理』岩波書店、一九六七年に所収。
宮田節子 一九八五『朝鮮民衆と「皇民化」政策』未來社（朝鮮近代史研究双書）。
本居宣長 一九六八『古事記伝』第一、『本居宣長全集』第九巻、筑摩書房。
――一九七二a『くず花』、『本居宣長全集』第八巻、筑摩書房。
――一九七二b『玉くしげ』、『本居宣長全集』第八巻、筑摩書房。
――一九七八『玉勝間』、『日本思想大系』第四〇巻「本居宣長」岩波書店。
保田與重郎 二〇〇一「にひなめととしごひ」、『日本に祈る』新学社（保田與重郎文庫）。
八木公生 二〇〇一a『天皇と日本の近代　上――憲法と現人神』講談社（講談社現代新書）。

――二〇〇一b『天皇と日本の近代　下――「教育勅語」の思想』講談社（講談社現代新書）。
山県有朋 一九八九「軍人訓誡」、『日本近代思想大系』第四巻「軍隊　兵士」岩波書店。
由井正臣 一九八九「解説　明治初期の建軍構想」、『日本近代思想大系』第四巻「軍隊　兵士」岩波書店。
吉野耕作 一九九七『文化ナショナリズムの社会学――現代日本のアイデンティティの行方』名古屋大学出版会。
吉本隆明 一九六四「解説　日本のナショナリズム」、『現代日本思想大系』第四「ナショナリズム」筑摩書房。
米谷匡史 一九九七「丸山眞男と戦後日本――戦後民主主義の〈始まり〉をめぐって」、『情況』（第二期）第八巻第一号（一九九七年一月）。
――二〇〇一「古代東アジア世界と天皇神話」、『古代天皇制を考える』（『日本の歴史』08）、講談社。　＊のち、講談社（講談社学術文庫）、二〇〇九年。
リービ英雄 二〇〇一『日本語を書く部屋』岩波書店。　＊のち、岩波書店（岩波現代文庫）、二〇一一年。
渡辺治 二〇〇一『日本の大国化とネオ・ナショナリズムの形成――天皇制ナショナリズムの模索と隘路』桜井書店。
和辻哲郎 一九六二a『日本倫理思想史』上、『和辻哲郎全集』第一二巻、岩波書店。
――一九六二b「国体変更論について佐々木博士の教えを乞う」、『和辻哲郎全集』第一四巻、岩波書店。

——一九六二c『国民統合の象徴』、『和辻哲郎全集』第一四巻、岩波書店。

『教育勅語』、『日本近化思想大系』第六巻「教育の体系」岩波書店、一九九〇年。

『軍人勅諭』、『日本近代思想大系』第四巻「軍隊　兵士」岩波書店、一九八九年。

「『軍人勅諭』解題」、『日本近代思想大系』第四巻「軍隊　兵士」岩波書店、一九八九年。

『国体の本義』文部省編、一九三七年。

「対朝鮮政策三箇条につき外務省伺」、『日本近代思想大系』第一二巻「対外観」岩波書店、一九八八年。

『日本のフロンティアは日本の中にある——自立と協治で築く新世紀』(「21世紀日本の構想」懇談会報告書)二〇〇〇年一月(https://www.kantei.go.jp/jp/21century/houkokusyo/index1.html)。

邦訳文献

アリギ、G+T・K・ホプキンス+I・ウォーラーステイン 一九九二『反システム運動』太田仁樹訳、大村書店。

ウォーラーステイン、I 一九九三『脱＝社会科学——一九世紀パラダイムの限界』本多健吉・高橋章監訳、藤原書店。

ギデンズ、アンソニー 一九九九『国民国家と暴力』松尾精文・小幡正敏訳、而立書房。

グラムシ、アントニオ 一九九九『知識人と権力——歴史的‐地政学的考察』上村忠男編訳、みすず書房(みすずライブラリー)。

グリフィス、W・E 一九八四『明治日本体験記』山下英一訳、平凡社（東洋文庫）。

ゲルナー、アーネスト 二〇〇〇『民族とナショナリズム』加藤節監訳、岩波書店。

ゴードン、アンドリュー 一九九六「日本近代史におけるインペリアル・デモクラシー」岡本公一訳、『年報・日本現代史』第二号、東出版。

スミス、アントニー・D 一九九八『ナショナリズムの生命力』高柳先男訳、晶文社。

―― 一九九九『ネイションとエスニシティ――歴史社会学的考察』巣山靖司・高城和義・河野弥生・岡野内正・南野泰義・岡田新訳、名古屋大学出版会。

ダワー、ジョン 一九九一『吉田茂とその時代』（全二冊）、大窪愿二訳、中央公論社（中公文庫）。

―― 一九九九「天皇制民主主義の誕生――「昭和天皇のメッセージ」を読み解く」明日川融訳、『世界』一九九九年九月号。

―― 二〇〇一『敗北を抱きしめて――第二次大戦後の日本人』（全二冊）、三浦陽一・高杉忠明訳、岩波書店。　＊のち、増補版、岩波書店、二〇〇四年。

バウマン、ジークムント 二〇〇一『リキッド・モダニティ――液状化する社会』森田典正訳、大月書店。

バーシェイ、A・E 一九九五『南原繁と長谷川如是閑――国家と知識人・丸山眞男の二人の師』宮本盛太郎監訳、ミネルヴァ書房（MINERVA 日本史ライブラリー）。

バリバール、エティエンヌ 一九九七「人種主義と国民主義」、エティエンヌ・バリバール＋イマニュエル・ウォーラーステイン『人種・国民・階級――揺らぐアイデンティティ』（新装版）、若森章孝・岡田光正・須田文明・奥西達也訳、大村書店。

バーリン、アイザイア 一九九二「曲げられた小枝──ナショナリズムの勃興について」、『バーリン選集』第四巻「理想の追求」福田歓一・河合秀和・田中治男・松本礼二訳、岩波書店。

ホブズボーム、エリック 一九九六『20世紀の歴史──極端な時代』(全二冊)、河合秀和訳、三省堂。

──二〇〇一『ナショナリズムの歴史と現在』浜林正夫・嶋田耕也・庄司信訳、大月書店。

モーリス゠鈴木、テッサ 二〇〇〇『辺境から眺める──アイヌが経験する近代』大川正彦訳、みすず書房。

ルナン、エルネスト 一九九七「国民とは何か」鵜飼哲訳、E・ルナン＋J・G・フィヒテ＋J・ロマン＋E・バリバール＋鵜飼哲『国民とは何か』鵜飼哲・大西雅一郎・細見和之・上野成利訳、インスクリプト。

『国民革命幻想──デ・サンクティスからグラムシへ』上村忠男編訳、未來社(転換期を読む)、二〇〇〇年。

外国語文献

Gray, John 1998, *False Dawn: The Delusions of Global Capitalism*, Granta Books.(ジョン・グレイ『グローバリズムという妄想』石塚雅彦訳、日本経済新聞社、一九九九年)
Hardt, Michael and Antonio Negri 2000, *Empire*, Harvard University Press.(アントニオ・ネグリ＋マイケル・ハート『帝国──グローバル化の世界秩序とマルチチュードの可能性』水嶋一憲・酒井隆史・浜邦彦・吉田俊実訳、以文社、二〇〇三年)

Smith, Anthony D. 1999, *Myths and Memories of the Nation*, Oxford University Press.
Tuathail, Gearóid Ó 1996, *Critical Geopolitics: The Politics of Writing Global Space*, University of Minnesota Press.

本書の原本は、二〇〇一年に「思考のフロンティア」の一冊として岩波書店から刊行されました。

姜 尚 中（カンサンジュン）

1950年生まれ。早稲田大学大学院政治学研究科博士課程修了。東京大学大学院教授，聖学院大学学長などを歴任。東京大学名誉教授。専攻は，政治学・政治思想史。主な著書に，『マックス・ウェーバーと近代』，『オリエンタリズムの彼方へ』，『母 ―オモニ―』，『漱石のことば』ほか。

講談社学術文庫

定価はカバーに表示してあります。

ナショナリズム

姜尚中《カンサンジュン》

2018年12月10日　第1刷発行

発行者　渡瀬昌彦
発行所　株式会社講談社
東京都文京区音羽 2-12-21 〒112-8001
電話　編集（03）5395-3512
販売（03）5395-4415
業務（03）5395-3615

装　幀　蟹江征治
印　刷　豊国印刷株式会社
製　本　株式会社国宝社

ISBN978-4-06-514092-5

「講談社学術文庫」の刊行に当たって

これは、学術をポケットに入れることをモットーとして生まれた文庫である。学術は少年の心を養い、成年の心を満たす。その学術がポケットにはいる形で、万人のものになることは、生涯教育をうたう現代の理想である。

こうした考え方は、学術を巨大な城のように見る世間の常識に反するかもしれない。また、一部の人たちからは、学術の権威をおとすものと非難されるかもしれない。しかし、それはいずれも学術の新しい在り方を解しないものといわざるをえない。

学術は、まず魔術への挑戦から始まった。やがて、いわゆる常識をつぎつぎに改めていった。学術の権威は、幾百年、幾千年にわたる、苦しい戦いの成果である。こうしてきずきあげられた城が、一見して近づきがたいものにうつるのは、そのためである。しかし、学術の権威を、その形の上だけで判断してはならない。その生成のあとをかえりみれば、その根は常に人々の生活の中にあった。学術が大きな力たりうるのはそのためであって、生活をはなれた学術は、どこにもない。

開かれた社会といわれる現代にとって、これはまったく自明である。生活と学術との間に、もし距離があるとすれば、何をおいてもこれを埋めねばならない。もしこの距離が形の上の迷信からきているとすれば、その迷信をうち破らねばならぬ。

学術文庫は、内外の迷信を打破し、学術のために新しい天地をひらく意図をもって生まれた。文庫という小さい形と、学術という壮大な城とが、完全に両立するためには、なおいくらかの時を必要とするであろう。しかし、学術をポケットにした社会が、人間の生活にとってより豊かな社会であることは、たしかである。そうした社会の実現のために、文庫の世界に新しいジャンルを加えることができれば幸いである。

一九七六年六月　　　　野間省一

荘子《そうじ》物語
諸橋轍次《もろはしてつじ》著

五倫五常を重んじ、秩序・身分を固定する孔孟の教えに対し、自由・無差別・無為自然を根本とする老荘の哲学。昭和の大儒諸橋博士が、その老荘思想を縦横に語り尽くし、わかりやすく説いた必読の名著。

848

〈近代の超克《ちょうこく》〉論　昭和思想史への一視角
廣松《ひろまつ》　渉《わたる》著（解説・柄谷行人）

太平洋戦争中、各界知識人を糾合し企てられた一大座談会があった。題して「近代の超克」——。京都学派の哲学に焦点をあて、本書はその試みの歴史的意義と限界を剔抉する。我々は近代を〈超克〉しえたのか。

900

遊びと人間
R・カイヨワ著／多田道太郎・塚崎幹夫訳

超現実の魅惑の世界を創る遊び。その遊びのすべてに通じる不変の性質として、カイヨワは競争、運、模擬、眩暈を提示し、これを基点に文化の発達を解明した。遊びの純粋なイメージを描く遊戯論の名著である。

920

身体論　東洋的心身論と現代
湯浅泰雄《ゆあさやすお》著（解説・T・P・カスリス）

西洋近代の〈知〉の枠組を、東洋からの衝撃が揺るがしつつある。仏教、芸道の修行にみられる〝身心一如〟の実践哲学を、M＝ポンティらの身体観や生理心理学の新潮流が切り結ぶ地平で捉え直す意欲的論考。

927

マルクスその可能性の中心
柄谷行人著（解説・小森陽一）

あらゆる問題を考えるために必要な一つの問題として、柄谷行人は〈マルクス〉をとりあげた。価値形態論において「まだ思惟されていないもの」を読んだ話題の力作。文学と哲学を縦横に通底した至高の柄谷理論。

931

ウパニシャッド
辻　直四郎著（解説・原　實）

人類最古の偉大な哲学宗教遺産は何を語るのか。紀元前十五世紀に遡るインド古代文化の精華ヴェーダ。その極致であり後の人類文化の源泉ともいえるウパニシャッドの全体像と中核思想を平明に解説した名著。

934

哲学・思想・心理

孔子
金谷《かなや》 治《おさむ》著

人としての生き方を説いた孔子の教えと実践。二千年の歳月を超えて、今なお現代人の心に訴える孔子の魅力とは何か。多年の研究の成果をもとに、聖人ではない人間孔子の言行と思想を鮮明に描いた最良の書。

935

エコエティカ　生圏倫理学入門
今道友信著

人類の生息圏の規模で考える新倫理学の誕生。今日の高度技術社会の中で、生命倫理や医の倫理などすべての分野で倫理が問い直されている。今こそ人間の生き方に関わる倫理の復権が急務と説く注目の書き下し。

946

現代の哲学
木田　元著

現代哲学の基本的動向からさぐる人間存在。激動する二十世紀の知的状況の中で、フッサール、メルロ＝ポンティ、レヴィ＝ストロースら現代の哲学者達が負った共通の課題とは？　人間の存在を問う現代哲学の書。

968

淮南子《えなんじ》の思想　老荘的世界
金谷　治著（解説・楠山春樹）

無為自然を道徳の規範とする老荘の説を中心に、周末以来の儒家、兵家などの思想をとり入れ、処世や政治、天文地理から神話伝説まで集合した淮南子の人生哲学の書。諸子から戦国時代までを網羅した中国思想史。

1014

探究Ⅰ・Ⅱ
柄谷行人著（解説・野家啓一）

闘争する思想家・柄谷行人の意欲的批評集。本書は《他者》あるいは《外部》に関する探究である。著者自身をふくむこれまでの思考に対する「態度の変更」を意味すると同時に知の領域の転回までも促す問題作。

1015・1120

精神としての身体
市川　浩著（解説・中村雄二郎）

人間の現実存在は、抽象的な身体でなく、生きた身体を離れてはありえない。身体をポジティブなものとして把え、心身合一の具体的身体の基底からの理解をめざす。身体は人間の現実存在と説く身体論の名著。

1019

《講談社学術文庫　既刊より》